「みんなの学校」から社会を変える

～障害のある子を排除しない教育への道～

木村泰子×高山恵子
Kimura Yasuko × Takayama Keiko

小学館新書

「みんなの学校」から社会を変える
～障害のある子を排除しない教育への道～

目次

はじめに……8
映画「みんなの学校」と「大阪市立大空小学校」について……12

第1章 ● 子どもを育てる土台を築く……13

子どもが成長するための土台とは
子どもをわかったつもりにならない…14／子どもを信じて、ただ寄り添う…16／安心して失敗できる環境をつくる…19／思い通りにならない子こそが「学びのリーダー」…22／子どもの視点に立って考える…25

子どもが安心できる環境をつくるには
「自分の学校」という意識を育てる…28／学校を子どもの安全基地にする…30／大人が画一的な価値観を押しつけない…34／子どもを主語にして物事を考える…36

大人が連携しながら子どもを育てるために
多様な学びの機会をつくる…39／大人も子どもとともに学び続ける…45
／その子の周りを育てれば、すべての子が育つ…51

第2章● 新時代を生きる力を育む

新時代を生きる力を育む……57

新しい時代に必要とされる力とは
見えない学力、「四つの力」…58／身近な大人が自分の学ぶ姿を見せる…64

自ら学ぶ力をどう育てるか？

知識やスキルではなく、「学び方」を教える…70／子どもが自ら学びたくなる仕掛け…76／好奇心を刺激し、対話を促す…79／大人が「正解」を示さない…86／宿題は子ども自身が選ぶ…92／子どもが自分で自分を評価する…101／「あなたはどう思うの？」と問いかける…106

第3章 ◉ 一人も排除しない環境をつくる……………………115

障害がある子がみんなとともに学ぶには
障害の有無というくくりで考えない…116／「その子がみんなといるために必要な支援は何か？」を考える…123

問題行動の本当の原因は何なのか？
最初の「見立て」を間違えない…128／「見立て」の後のサポートが大切…134
／子どもからのＳＯＳに気づく…139

そもそも「障害」というものをどう捉えるか？

障害を捉える「新しい考え方」…142／本人が困っているか困っていないかが大切…146

いじめを生まない「空気」をつくる
一人ひとりの違いを認め合う…149／大人が「ジャッジ」をしない…150
／子どもと一緒に親も学んでいく…153／教師は「透明人間」に徹する…158

第4章 ● 「みんなの学校」で大人も変わる……165

教える立場にある人が大切にすべきこと

「目的」と「手段」を間違えない…166／大人自身が「学びの達人」になる…171／一人ひとりが自分で考え行動する…174／失敗からやり直す力をつける…178／大人が一人で子どもを育てない…183

子どもを前にした大人のあり方とは

たったひと言が子どもの人生を変えることもある…192／大人自身が幸せでなければ子どもの幸せは願えない…200

おわりに……203

構成／楢戸ひかる　イラスト／石川えりこ
校正／目原小百合　ＤＴＰ／昭和ブライト
編集／小林尚代

はじめに

高山恵子

私はアメリカの大学院に留学した時に初めてＡＤＨＤの概念に出合い、自分にもＡＤＨＤがあることを知りました。インクルーシブ教育の本場アメリカでは、特別支援教育を提供していない通常クラスでも習熟度別の授業が行われ、学習スタイルにも配慮した指導が基本で、私は大きなカルチャーショックを受けました。

帰国後、ＡＤＨＤの支援団体えじそんくらぶを大学時代の知人とともに設立してから、約20年が経ちました。その間、日本の教育現場を変えたいと願う、熱心で素晴らしい先生方や親御さんに出会い、多くのことを学ばせていただきました。そして今回、木村泰子先生との対談で、新たな学びの機会をいただいたこと、とても感謝しています。

対談の中で、木村先生と私にいくつか共通点があるなと感じました。一つは、日本の教育の一般的な対応とは違う指導をしてくれた先生との出会いです。木村先生の場合、「顔を水につけるのが嫌だ」と言ったら、「じゃあ背泳ぎを教えてあげる」と、小学校の学習指導要領にないことを教えてくださった先生。私の場合、忘れ物が多い私を叱らず、教科書を貸してくださった先生。どちらも柔軟性のある対応をしてくださった先生でした。

もう一つは、「子どもから学ぶ」という感覚がすべての基本になっていることです。木村先生は「何も教えない」指導教官のもとで試行錯誤された教育実習での体験、私は教育学を学ぶ前に経営した塾で、どうやったら楽しく学べるか、授業案と教材作成を試行錯誤した体験。これが私たちそれぞれの「教科書より目の前にいる子どもから学ぶほうが大切」という感覚の原点ではないかと思います。そしてそれは、伝統的な日本の教育と違うことでも、失敗しながらやり直すことができた貴重な経験であったと思います。

木村先生をはじめとして、子どもがのびのびと成長する場を提供している先生方は、異口同音にこうおっしゃいます。「何も特別なことはしていません。当然のことをしているだけです」と。頑張ってやっているという感じではなく、あり方としてとても自然です。

しかしそれでは、目の前の子どもの対応に悩んでいる先生や親御さんには、どうすればいいのか、なかなか伝わらないのではないかと思います。大空小学校が実現した、素敵な学びの場をどうすればつくれるのか、そのヒントをこの対談の中から、読者の皆様に見つけていただければ嬉しいです。ライターの楢戸ひかるさんには、編集者の小林尚代さんとともに、読者によりわかりやすくなるように、それこそ試行錯誤を重ねまとめていただきました。心から感謝しています。

私がアメリカで学んだ「特別支援教育」の最終目標は「インクルーシブな社会」の構築です。そのために多様性を受け入れ、一緒に学び、生活することを可能にする工夫と教育の場が必要なのです。特別支援教育は本来、排除するためのものではないのです。「一人ひとり違う存在」という感覚が共有され、何かが違っていても「安心安全」が感じられ、居場所があるクラスや学校、そして地域。そんなところで子どもも大人も学び合っていけるといいなと思います。その視点からも、木村先生が提唱される「たった一つの約束」や「四つの力」は、学校だけでなく、家庭や地域でも活用したい考え方です。これらは、子どもたちにとって、単純に暗記することで上がる学力より、ずっと大切なことですから。

また、同じく大空小学校で実践された「やり直し」も、とても大切な習慣ですね。私たちは、失敗しながら成長していきます。私たち大人は、「失敗してもいいよ」と言って、子どもを育てたいものです。「安心して失敗でき、試行錯誤できる場」「SOSを求めて、協力し合える場」。これは子どもたちだけでなく、大人にも大切な場であると思います。

世の中には、多くの異なる教育観、指導法があります。時々、目の前にいる子どもの成長をシンプルに願うより、周りの大人が、自分のために子どもの成功や成長を望んでいるようなことはないか、と自問自答することも大切かもしれません。さらに、自分が子どもだった時と環境が大きく変わっているので、昔の教育や子育ての方法が、今、目の前にいる子に合っているかどうか、確認する必要もあるでしょう。「愛の鞭《むち》」という言葉がありますが、相手がその愛を感じられなかったらただの鞭になってしまいます。「愛の鞭」は、まず信頼関係が前提なのです。

これだけ情報があるのに、いじめや虐待はなかなか減らず、死を選ぶ子どもたちがいるのは、本当に心が痛みます。私たち一人ひとりが、まずその子に寄り添い、安全基地になることが、すべてのスタートだと思います。

この本から、幸せになるために何をしたらいいか、ヒントを見つけてくださったら、とても嬉しいです。皆様のご多幸を心よりお祈りいたします。

映画「みんなの学校」と「大阪市立大空小学校」について

映画「みんなの学校」は、大阪市にある公立の小学校、「大阪市立大空小学校」の２０１２年度を撮影したドキュメンタリー映画だ。15年に封切られロングラン、文部科学省特別選定にもなった。そして19年の今でも、各地で自主上映会が開かれ続けている。

なぜ、映画「みんなの学校」は、支持されるのだろうか？　理由は、「大空小学校の試みは、上からの教育改革とは一線を画す、現場からの教育改革である」という第68回文化庁芸術祭大賞受賞の際の、大空小を評した言葉が物語る。「すべての子どもの学習権を保障する学校をつくる」を唯一の教育理念として、初代校長を務めた木村泰子と教職員は、「みんながつくる、みんなの学校」を目指してきた。その結果、12年度は、大空小の在籍児童約２２０人のうち、特別支援の対象となる子は30人を超えていた。

けれども、不登校はゼロ。モンスターペアレントもいない。大空小は、「地域に開かれた学校」なので、教職員の他にも地域住民や保護者、学生ボランティアなど、さまざまな立場の大人がいる。個性豊かな子どもたちと大人が、ともに学び合い、自分たちで「自分たちの学校」をつくっている。それが、映画「みんなの学校」の中の大空小学校なのだ。

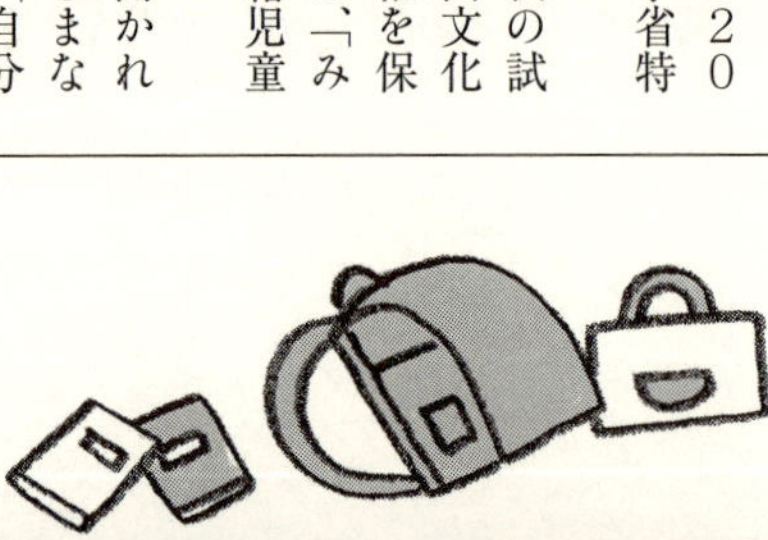

第1章

子どもを育てる土台を築く

子どもが成長するための土台とは

子どもをわかったつもりにならない

高山：映画の中の大空小学校（以下、「大空」）を見て、「我が子を、あの学校に通わせたい！」と思われた親御さんも多いでしょう。

木村：ありがとうございます。あの学校の原点は、目の前にいる子どもから学ぶということです。そのために、学校に関わっている大人が、「私は、目の前にいる子どものことを理解できているのだろうか？」ということを自分自身に問うことからスタートしました。大人は、長く生きてきた分、いろいろなことをわかっている気になっています。だから、「私は、目の前にいるこの子のことを理解している」という地点に立ってしまいがちなんです。そのほうが、楽ですからね。その意識から、ぶっ壊していきました。

高山：親も意外と、「自分が一番、我が子のことを知っている」と思いがちですね。

木村：私は、教員として、「自分の子どものことだってわからないのに、人様の子どものことなんてわかるわけがない」と知るべきだと思います。例えば、「今、目の前に30人の子どもがいたとします。あなたは、子どもたちのこと、理解ができますか？」と聞いて、「はい、頑張ります！」なんて言う教員がいたら、私はその人に「教員を辞めたほうが……」と言いますね。子ども理解は、頑張ったからできるようなことではないんです。でも、「頑張って理解しなさい」という教育を、教員養成課程で受けるのです。

高山：本当にそうですね。

木村：子どもは、「自分をわかろうとしてくれる大人」を、信用します。私自身、カーッとなって、「何回言うたら、わかんねん」と声を荒らげたことは多々あります。ブチッと切れて、「校長先生、今のアウトやで」と、子どもたちに怒られたこともあります。家庭でも学校でも、大人がそういう状態になって「お説教」をしている時、たいていの子どもは「大人は言うだけ言っているけれど、自分はいっこもできてへんくせに」と、斜にかまえて話を聞いていますよね。

高山：それか、聞いていないか（笑）。

木村：今の話は、「大人は怒る手法を学べ」という話ではないんです。子どもは、目の前の大人が、「本当に自分のために言ってくれている」と感じた時は、必ず大人を信用します。これはすべての子どもがもっている「本能」なんです。

子どもへの関わり方は、「手法」ではありません。大人が、その子のことを、本当に大事だと思って精いっぱい接している。子どもが「この目の前の大人は、自分のために言ってるよな」と感じる時は、「うるせぇな」などと表面的にどれだけ悪態をついていようが、必ず自分の身体の中に、その言葉をトンと染み込ませています。私たちは、大人が求める子ども像をあまりにもつくりすぎています。「大人である私の言っていること、あんたは聞いたほうがいいわよ」と、大人は誰しもそう思っているんです。

高山：言うことを聞いてもらうには、まず信頼関係が基本ですよね。

子どもを信じて、ただ寄り添う

木村：そう、でも子どもが本当に困った時に、「信頼できる大人の条件」って、どんなことだと思われますか？　これについて、「そこなのね？」と、衝撃的に学んだ事実があるのです。

高山：ぜひ、伺いたいですね。

木村：ある時、学校で物が隠されるという事件がありました。そういうことも、学校生活を送っていれば、あるものです。どの子が隠したかということは、わかっていました。ただ、隠した子ども自身に、そのことと自分で向き合ってほしかったので、いろいろな大人が本人に「隠したの？」と聞きましたが、絶対に認めません。そこで私が、「あんたさ、なんで正直に言わへんの？　そのほうが楽になるやん」と言ったら、「『正直に言うたら、怒れへん』言うけど、絶対、先生ら怒るに決まってるもん」と、あっさり自分がやったことを伝えたんです。そこで話は終わり。3秒の会話です。

その時に教職員みんなで、「木村と私たちとの違いは何や？」と考えたんです。私もその中の一人として考えましたが、私自身もわからないのです。そこで教職員の一人が本人に聞きました。そうしたら、「だってな、校長先生は最後までずっと横にいとってくれる」と言ったんです。それだけです。「ただ、横にそっとおるだけや」という話です。助けてくれるわけでも、ためになる話をするわけでもないけれど、最後の最後まで横にいる。

高山：確かに「寄り添う」ということ、とても大事ですよね。大人は、頭では理解もしていると思うんです。ただ、実は、「子どもの傍らに、ただいる」って、すごく難しいですよね。「すごく難しいこと」になってしまっているのは、親や先生が、「この子を、自分が正しく導かなければならない！」と使命感をもっていらっしゃるからなんだと思います。「教えなければ！」「きちんと指導しなければ！」といった、「前向きな関わりをしなければ！」という気持ちが強いんです。

私は、アメリカの大学院でスクールカウンセリングを専攻しました。アメリカでは、常勤で各学校に一、二名スクールカウンセラー（SC）がいますので、子どもが困った状況に陥った時、本人が希望すればSCのところにいつでも相談に行くことができます。この時、SCがその子に何をするかというと、まず寄り添うんです。そして、寄り添って傾聴します。今のお話を伺って、日本の大人は、一人でいろいろな役柄を求められていて大変だなと改めて感じました。日本では、子どもに対してやらなければいけないという思いが強くて、親も先生も、なかなか「まず寄り添う」という気持ちになれないと思います。

けれども、「教える」という土台には、人間同士の信頼関係が大切ですよね。「自分のことをわかってくれている人だ」と相手が感じられることが基本なのです。だから、「寄り添う」ということを「意識して、やっていこう」という気持ちが、まず大切だと思います。そうするうちに、だんだんと子どもに自然と寄り添い、評価せずにただ話を聴くことができるようになって、信頼関係も生まれていくのだと思います。

安心して失敗できる環境をつくる

高山：学びをスムーズにするためには、子どもの心身が安定していないと難しいですよね。それに関し、私は講演会でよく「マズローの欲求」というお話をします。先生方は教育心理学で必ず学ぶことだと思います。

アメリカの心理学者マズローは、人間には基本となる欲求が五つあり、それは階層になっていて、下から順に満たされるとよいと考えたんです（次ページの図参照）。ここでのポイントは、欲求には優先順位があるということです。どういうことかというと、人はまず図の①から④までの欲求が満たされてから、⑤の「自分の能力を発揮して何かを成し遂げたいという気持ち（自己実現欲求）」が起こる、という考え方なんです。大人が子どもと信頼関係を結ぶことができると、「②（安全欲求）」、「③（所属・愛情欲求）」、「④（自己承認欲求）」

が満たされます。そうして初めて、⑤に向かう気持ちのベースができるのです。

木村：本当ですよね。「優先順位をつけて考える」という視点は、忙しい大人が多い今、とても大切ですね。では、高山先生は、大人が最優先すべきことは、何だとお考えですか？

高山：先生が大空で大切になさった「安心・安全」を、子どもたちにきちんと保障することだと考えています。「安心・安全」なくして、何かを学ぶことはできません。学ぶためには、「今、自分がいる地点」から一歩を踏み出す「チャレンジ」が必要です。チャレンジをすれば、

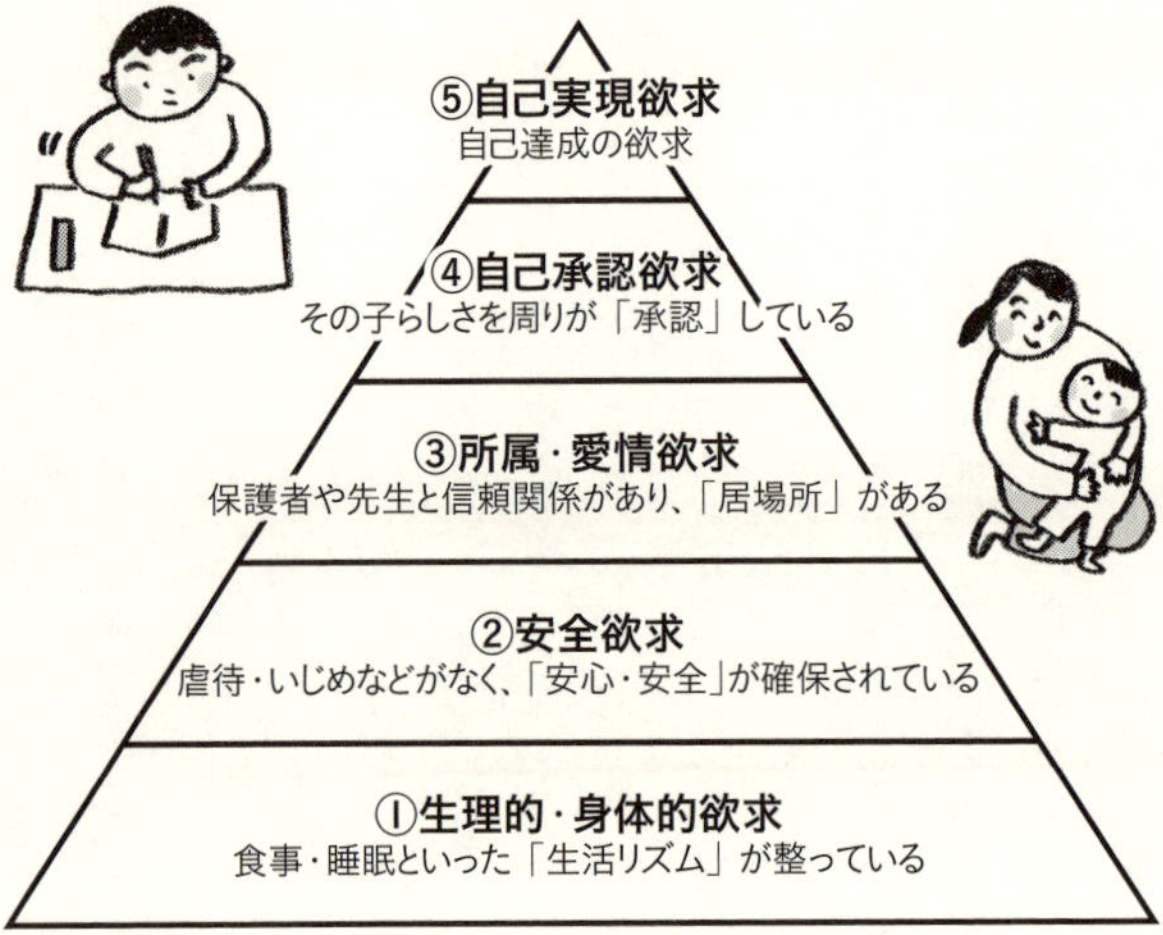

⑤自己実現欲求
自己達成の欲求
④自己承認欲求
その子らしさを周りが「承認」している
③所属・愛情欲求
保護者や先生と信頼関係があり、「居場所」がある
②安全欲求
虐待・いじめなどがなく、「安心・安全」が確保されている
①生理的・身体的欲求
食事・睡眠といった「生活リズム」が整っている

マズローの欲求の階層

当然、失敗することもありますよね？　チャレンジをして、失敗をする。でも、そこで心を回復させて、「もう一回やろう！」と思えるかどうか。

いわば、学びの場に最も問われることは、「そこが、安心して失敗できる環境かどうか？」ということだと思います。安心して失敗できる環境がなかったら、子どもはチャレンジできません。「失敗しても、大丈夫だよ」と、子どもに対して声かけをして育ててあげる。この発想が重要だと思うのです。

木村：「失敗するのは、絶対に嫌や」と思っている子どもがいるのは、「失敗するな、するな」と育ててきた大人がいるからですよね。でも、失敗をするから、新たなチャレンジができるんです。失敗を「単なる挫折」で終わらせるのか、失敗を「やり直す力を育てる大きなチャンス」にするのか。これ自体、ピンチをチャンスにどう変えていくかという大きな学びです。ですから、大空では、まず「大人が、子どもが失敗をした時に、『ラッキー！やり直す力を育てる大きなチャンスが来た！』と思える自分に変わらなければいけないよね」と話し合ったんです。そうして、私たちは変わりました。

思い通りにならない子こそが「学びのリーダー」

高山：失敗をラッキーと思えるかどうか、ですよね。

木村：普通は、「困ったことは、ないほうがええよなぁ～」と思いますからね。教員が「わかりましたか？」と言ったら、子どもたち全員が「はい」と言うのがいい学校だと、どこかで絶対的に思っていた自分たちがいたのです。「わかりましたか？」と大人が言った時に、「わかるわけないやろ」などと子どもが言ったら、普通は「イラッ」と感じるわけじゃないですか。

高山：そうですよね（笑）。

木村：でも、ある時、「『わかるわけないやろ』と言う子どもを、どう『学びのリーダー』にするのか？ それが教員の専門性だ」ということに気がついたのです。そういうことに気がつき始めると、毎日毎日、一瞬一瞬が、すべて学びの時間になりました。いたるところに、「学び」がたくさん転がっていたんです。

高山：「学びのリーダー」とは、どういうことでしょうか？

木村：大空には、知的障害と診断されている子や、発達障害があるというくくりで見られている子がたくさんいました。こういった子どもたちが、大人に大切なことを気づかせてくれる学びのリーダーだったのです。

例えば、こんなことがありました。校長である私が、朝会で長い話をしていた時のことです。「これは大事やから、みんな、聞きや」などと、私は一生懸命話していました。子どもたちは、そんな「お説教」を聞きたくないけれど、一応聞いたふりをしています。そこでMくんが、パッと立って、「校長先生、お話、終わり」と言ったのです。そのMくんは、一年生で入学してきた時、「イヤ」という言葉だけを獲得していた、知的障害と診断されている子です。Mくんが「校長先生、お話、終わり」と言った瞬間、講堂中にいるすべての子どもたちと大人は、Mくんをまるでスーパースターのような目で見ていました（笑）。

私は言いたいことがすべて言えていなかったので、「Mさん、ごめん。もうちょっとだけしゃべらせて。うそつけへん。もうちょっとだけしゃべったら終わるから」と言ったら、Mくんは、「わかった」と座ったんです。私とMくんのやりとりを見ている時、みんなが本来の自分自身の姿に戻っているのがわかりました。

高山：その光景、目に浮かびます。

木村：何が言いたいかというと、Mくんが、ものすごい言葉を発したということです。みんなの前で、みんなの気持ちを代弁した、ものすごい言葉を、です。この瞬間、まさに、Mくんが学びのリーダーだったんです。

あとから職員室で、「もし、あの時に『支援担当』といった教員が横にいたら、どうしていたかな？」という話になりました。校長が一生懸命に話をしていた時に、「ここで何か言わせたらあかんと考えて、『座りなさい』とやっていたかもわからんな」とか「『Mくん、しーっ』って、Mくんがしゃべるのをストップさせたかもわからへん」という話になりました。

高山：支援担当の先生が、Mくんを制止する。それが、普通の学校風景ですよね？

木村：まさに、そこが問題だと思うんです。「どちらが大事なんだ？」という話です。「つまらない校長の話を聞くこと」と、「子どもを育てること」。このどちらが大事なのかということを、きちんと考えてみる必要があるんです。

本当に大切な話であれば、暑くたって何だって、子どもは勝手に聞きます。けれども、あの時は、私が「今から大事な話をするから、聞きなさい」と、校長としての権威を単に振りかざしていただけです。あの場面は、「そんな自分を、どう変えるんや？」という私自身の、ものすごく大きな学びの瞬間だったのです。

高山：そう感じる校長先生は少ないように思います。素敵ですね。

木村：校長が、子どもたちの前で大失敗をしている、その校長の失敗を、子どもも教職員も地域の方たちも、全員が見ている。私の失敗と学びが、みんなの学びに変わるのです。ここで、「校長である私が話している時に、なんでMくんが話すのを黙らせなかったんだ？」などと言っていては、学びは失われてしまいます。

子どもの視点に立って考える

高山：本当にそうですね。もう一つ、「学びの場」に大切なこととして、当たり前のことかもしれませんが、「子どもがわかるように話をする」ということがあると思うんです。

私は、発達障害があるせいか、校長先生の話だけではなく、すべての先生の話をあまり聞かずに育ちました（笑）。そのせいか、自分が教える立場になった時、「子どもが話を聞かないのは、授業をしている先生（私）の責任である」という気持ちになったんです。「だんだんに子どもが話を聞かなくなる授業」というのは、端的に言えば「わからない授業」が多いと思います。ですから、まず最初に「子どもがわかる授業をする」。もっと言えば、「子どもに伝わるように話をする」ということが、学びの場でものすごく基本だと思います。

木村：その話の前段として、「今、目の前にいる子どもは、この話をわかっているのかな、わかっていないのかな？」というところを、しっかり見つめないといけませんよね。そこを見つめようとする大人がいないと、今の話は始まりすらしません。

高山：まさに、そうなんですね！　例えば、子どもが大人の指示通りに動かない時。「あれ？もしかして、この指示がわからないのかな？」とか「伝わっていないのかな？　だったら、大人の私のほうが指示を変えるべきなのかな？」という視点がもてるかどうか。

ここで大切なことは、「大人が子どもの視点に立っているかどうか」です。そうしないと「この指示、わからないかもしれない」というところに、たどり着けませんからね。子どもに伝わる話をする。ものすごくシンプルな話ですが、それが子どもと接する上での基本だと思うのです。

木村：子どもが理解できていないのに、腑に落ちていないのに、どんどん話を進めてしまう。主語が「大人」だから、そんなことが起こるんですよね。私の目の前にいるこの子は、安心して自分から自分らしくいることができているのか？　安心して学んでいるのか？　そこを常に見つめるんです。

高山：本当にそうですね。私は、子どもが大人の言うことを聞かなくてイラッとする時、まず次の六つの視点で考えて、「話を聞かない」という分類はつくらないでくださいと、先生や親御さんにお伝えしています。

①**聞こえていない**……無視をしているのではなく、ただ単に聞こえていないのかも？
②**うっかり**……指示は聞こえていても、言われたことを悪気なく忘れているのかも？
③**わからない**……指示の意味やその場に応じた行動がわからないのかも？
④**わざと**……注目をされることで、大人の関心を引きたいのかも？
⑤**感覚過敏**……音・接触・匂いなどの感覚が過敏で、強いストレスを感じているのかも？
⑥**不安**……いろいろなことに安心できず、安心感が得られないのかも？

「子どもが、私の話を全く聞かない！」と思うと、怒りのスイッチが入りやすいですよね。でも、状況を少しでも俯瞰できるようになると、そのスイッチがオフになりやすいと思います。この六つの視点があると、子どもの状態がわかりやすいと思います。この六つだけでは説明のつかないことも、もちろんあります。子どもの視点や気持ちに近づくきっかけの一つと捉えていただければと思います。

子どもが安心できる環境をつくるには

「自分の学校」という意識を育てる

高山：ところで、大空では、子どもたちが本当にいきいきとしていました。どうしてあんなふうに育つのでしょう？

木村：答えは、簡単です。学校が、子どもの学びの「居場所」になっていたからです。子どもたちはみんな、大空が大好きで卒業するんですよ。子どもは、自分のものは大事にするでしょう？　子どもたちは、「自分の学校を自分がつくっている」という意識をもっているのです。子どもは、自分のものは絶対に大事にするんです。

高山：本当にそうですね。

木村：そんな子どもの気持ちに気づかされる出来事があったんです。ある場所で、大空のことをお話しする機会がありました。司会の方が、「木村さん、そろそろ始めていいですか」とおっしゃった時、フロアの後方に卒業生が座っているのが見えました。私は、彼を見た途端、落ち着きをなくし、壇上でソワソワし始めたのです。彼はそんな私の姿を見ると、堂々とした姿で一番前の席に移動してきました。

講演会が始まって、司会者から問われた最初の質問が「木村さん、大空はひと言で言えばどんな学校ですか？」だったんです。そう言われた途端、私は間髪入れず、「それは彼が答えます」と言ってしまったのです。私が唐突にそんなことを言ったので、横の同僚が、「ちょっと、それは、あんまりやろ！」とひじで突いてきて（笑）。でも、私がそう言った途端、彼は壇上に上がり、客席に向かって何の躊躇もなくその質問に答えたんです。見事でした。

高山：何と、答えたのですか？

木村：「大空はどんな学校ですか」。この問いに対して、Tくんは、「大空は、自分の学校です」と答えたのです。会場からは大きな拍手が湧き起こりました。「Tくん、みんな拍手してくれてはるよ！」と話しかけながら、私も嬉しくて、嬉しくて。

これが子どもの育ちです。「知的障害がある子は、何もわかってへん」などと、大人は勝手に決めつけたがります。けれども、この瞬間に、「もっと、もっと、子どもに学んでいかなければ」と強く思ったんです。子どもは、子ども同士の関係性の中で確実に育ちます。大人が邪魔さえしなければ。

学校を子どもの安全基地にする

高山：「自分の学校です」という言葉、素敵ですね。それって、「居場所がある」ということで、学校が安全基地になっていますね。それは本当に大切なことなんですよね。子どもは、家庭・学校・地域のどこかに居場所があれば、自殺したいなんて思わず、安心して育っていくんですよね。

木村：すごく、わかります。

高山：子どもは、怖いものがあった時や嫌なことがあった時、誰かが「安全基地」になっていれば、そこで癒やされて、また外に元気に飛び出していくことができます。この「安全基地」や「安心感の輪」が大切ですね。

参考：Circleofsecurity.org © 2000 Cooper, Hoffman,Marvin&Powell（北川・安藤・岩本訳、2013）

「安心感の輪」は、安心感を得ることだけが目的ではありません。安心したら、また好奇心をもって外界に出る。そして、失敗したら安全基地に戻る、そしてまた外界に出る、というサイクルが大切なのです。

家庭が「安全基地」となって、幼児期に「安心感の輪」を何回も体験できるといいんですが、そんな状況でない場合も最近は増えています。子どもにとって特定の大人であれば、親以外の誰か、例えば祖父母や先生、支援者が安全基地になってあげれば大丈夫なんです。

木村：今、学校現場で言われているところの「チーム力で育てろ！」ということですね。
　核家族で、親自身が汲々と暮らしていらっしゃるご家庭もあるでしょう。家庭が、子どもにとっての安全基地になっていない場合も多いのが現実です。だから、今、家庭だけに安全基地を求めていると、子どもにとっては過酷な状況になってしまうんです。そんな時は、学校が安全基地の機能を果たせばよいと私は思っています。
高山：親も不安定になることも多いので。安全基地はたくさんあったほうがいいですね。
木村：安全基地は、誰でもいいんです。私は関西人なので、地域の方々を「じいちゃん」「ばあちゃん」とお呼びしているんですけれど（笑）、先生たちだけでなく、よその親、その「おっちゃん」「おばちゃん」「じいちゃん」「ばあちゃん」など、いろんな人でいいと思うのです。学校にいる、「自分がいいな」と思った大人を子どもが選んで、「ねぇ、ねぇ。あのさ」と言える。学校がそういう場所であることが大切です。大空の子どもたちは、学校がそんな場なので、安心して学校に来ることができたのです。
高山：安全基地を見つけられると、そこに「人との信頼関係」ができます。
木村：「安心・安全」という言葉は、教育現場でよく聞きます。でも、実際のところは、学校という場に、全く「安心・安全」がないところも多くて。本来の意味での、「安心・安全」というのは、今、高山先生がおっしゃった「安全基地」ということがキーワードになりますね。私、今、スコンと納得できました。

高山：すべての子どもたちが、「自分には、安全基地がある」ということを体感できるような世の中をつくっていきたいですね。信じていた大人がうそをついたり、「言ってること」と「実際にやってること」が違っていたりということがあると、子どもはその人を信頼できなくなって、安全基地ではなくなってしまいます。「自分が本当の意味での『子どもの安全基地』になることができているのか？」ということは、子どもに関わるすべての大人の方に考えてみていただきたいですね。

木村：安全基地、キーワードですね。「家庭や学校が子どもにとって安全基地になるためには、どうしたらいいのか？」ということは、突き詰めて考えるべき事柄です。「安心・安全」が確保できていないのに学力をつけることは、不可能ですから。

高山：本当にそうですね。「安全基地になる人」の心の安定も大切になってきます。

大人が画一的な価値観を押しつけない

木村：「家庭や学校がすべての子どもにとって安全基地になるためには、どうしたらいいのか？」について、私は何段階かに分けて考えました。最初に考えたことは、「自分一人だけで、子どもにとっての安全基地である『居場所』をつくれるか？」ということです。子どもは、幸せになるために生きています。ですから、「家庭や学校が子どもにとって安全基地になるためには、どうしたらいいのか？」ということは、言い換えれば、「子どもの幸せを、大人一人で保障することができるのか？」という問いです。

高山：それは難しいことかもしれませんよね。

木村：学校の場合は、「この子と私が出会うまで、この子は、どんな人生を送ってきたのか？」という問いも必要ですね。例えば、小学一年生の子だったら、生まれてから6年間の育ちを考えてみます。どんな親で、どんな空気を吸って、どう育ってきたのか？　一人ひとりの子が、過去という「透明なリュック」を背負っているのです。もしかしたら「おはよう」と親から言われたことがない子もいるかもしれません。そういう子に、「おはよ

う と挨拶しなさい」と、大人が一方的に指導することは、その子の心をズタズタに傷つけることと一緒です。

子どもの「透明なリュック」の中身を、私たち大人は見ることができません。その子が将来どんな子になるのかということも、誰もわかりません。過去も未来もわからない一人の子どもが、今、目の前にいる。ただ、そこだけを見つめました。「その子のことは何もわからないのだから、大人がもっている『限られた画一的な価値観』を押しつけるのはやめようよ」ということになりました。

高山：自分が受けてきた過去の教育や、自分の親の育て方が正しいと信じている方は多いですよね。

木村：そう、そこが問題の「核心」とも言える点なんです。今、自分が関わっている教育や自分の子育てが、自分がもっている「画一的な価値観」を押しつける行為になっていないか？　そこに対して、子どもに関わるすべての大人が、主体的に自分の頭で考えてみてほしいのです。

高山：確かに。そこを考え始めてみることが、今、一番大切なことですね。

木村：大空では、自分の画一的な価値観を押しつける行為、端的に言えば「教える」という行為を断捨離しました。

高山：大人は、どうしても「教えなければいけない」と思ってしまいますけれどね。

木村：教えることができる大人であれば、教えたらいいと思います。でも、教えるからには、その子の過去と未来をちゃんと保障しないといけないんです。それが「教える」という行為です。「あなたは、本当に『教える』ことができるんですか？　できているんですか？」ということを、すべての大人に問いたいところです。

子どもを主語にして物事を考える

高山：「教えることができているのか？」、そう聞かれたら、多くの大人が答えに詰まるでしょうね。

木村：そう、無理なんです。もちろん、私も、大空でそういう話をたくさんしました。

教えるということを考えた時、私は今、ある県の教員研修会に呼ばれた時のことを思い出しました。大きな体育館に先生方が集まって、映画「みんなの学校」の上映後、私は「何かお話をしてください」と言われていたんです。その年の新任の先生は1列目に並んでいらっしゃったので、「新任の先生方、ご自身がどんな先生になりたいか、言えますか？」と聞いてみたんです。みなさん、意気揚々と「僕に当ててください！」「私が話したいです！」という顔をされていました。そこで、私は言いました。「そんなん、どうでもいいんです。自分が、どんな先生になるなんて、どうでもいいんですよ。では、どんな子どもを育てたいですか？　はい、どうぞ！」と言ったんです。そうしたら、誰も手を挙げませんでした。

高山：ああ、本当に先生と気が合います。私は講演会の最初によく、「みなさんは、子どもにどんな人になってほしいですか？」という質問から始めるんです。

木村：例えば、教員になる人たちは、教員養成課程で「自分がどんな先生になりたいか？」ばかりを勉強させられています。「子ども理解ができて、授業がうまくて、学びの何とかかんとか……と」と。そうしたら、

自分がそういう教員になることが、すべての「目的」になってしまい、子どもは目的を達成する「手段」になってしまうんです。

高山：家庭でも、同じことが起きています。

木村：「どんな親でありたいか、どんな教員になりたいか」ではなく、「自分は、どんな子どもを育てたいのか」ということだけを考えていればいい。もっと言ってしまえば、「家庭や学校での教育の目的とは何か？」という話です。家庭や学校での教育の目的は、その子がその子らしく育つこと。それ以外にありません。

高山：おっしゃる通りだと思います。私は、アメリカの大学院で、教授法には「教師中心法」と「生徒中心法」があると学びました。「教師中心法」は、文字通り、教師中心の教授法で、従来の日本の一斉教育のイメージですね。一方で、生徒中心法は、子どもありきの教授法です。この「生徒中心法」の考え方が、これからの教育で、非常に大切なのだと私も思います。

大人が連携しながら子どもを育てるために

多様な学びの機会をつくる

木村：子どもを主語にして物事を考えていくという基本は、常に問い続けていくべき事柄ですね。先ほどの「一人で子どもの居場所をつくれるか？」という話に戻すと、みんなで対話し尽くした結論は、「一人では無理だよね」ということだったんです。もっと広く、さまざまな力を借りていくべきだということになりました。「子どもが、安心して学んでいる」。この事実をつくろうと思えば、大人がやるべきことはおのずと見えてきます。

高山：例えば、どんなことですか？

木村：学校の場合、地域の方が学校にいらっしゃるとなると、子どもにとってマイナスの言動をとる方も中にはいらっしゃるんですよね。当然、嫌なことを言うじいちゃんがいたら、子どもと喧嘩になります。これは、実はものすっごく大きなチャンスなんです。

高山：チャンス？

木村：多くの学校は、地域の方と子どもが喧嘩になったら困るから、そのような場合、地域の方を排除しようとします。「申し訳ありませんが……」などと言いながら、なるべく穏便に……（笑）。でも、本当にじいちゃんの言っていることが子どもにとってマイナスなら、私たちは、「そこはじいちゃん、考えを変えてな」と言えばいいだけなんです。じいちゃんが来ることで子どもが後ろ向きになってしまうのであれば、「悪いけど、今のじいちゃんのまんまやったら子どものためにならんので、学校に入らんとって。だから、じいちゃん、変わってや」と、校長は言わなければいけません。

高山：関西弁っていいですねぇ。同じことを標準語で言ったら、もっとキツイ感じになってしまいますよ（笑）。

木村：子どもにとっては、混沌を排除しないことがすごく大切なんです。多様な社会で生きて働く力は、多様な学びの場でしか生まれません。子どもに「美味しいもの」だけしか与えずに育てたとしたら、大人になってから、「なんで美味しいものが出てこないんだ！」と文句を言うようになります。でも、自分が実際にいろいろなものを食べた経験があったとしたら……。美味しくなかったり、苦かったり、そういったものが食べ物の中に混ざっているからこそ、「なんで、こんなに美味しくないんだ」とか「世の中には、こんなに美味しくないものがあるんだ」と気づけるのです。そういう経験の土台があって初めて、「美味しくないものは、食べないようにする」という自分の意思での選択ができるようになるのです。

高山：なるほど。素晴らしいですね。

木村：学びの場に、子どもにとって「いい人」「ためになる人」だけがいるのであれば、教員だけの時と何も変わりません。学校というのは、「地域」です。地域のばあちゃんと、子どもが大喧嘩をすることもあるでしょう。「校長、校長、来てよ。あの子、私にくそばばあって言うねん」などとばあちゃんが言いに来た時に、私が忙しくて、「今、忙しいから、行かれへんねん」という時もありました。そうしたら、子どもとばあちゃん、二人で

喧嘩をしています。それが地域なんです。

高山：校長として、それを放っておくというのがすごいですね。

木村：多くの校長は、ひとまず、ばあちゃんに「すんません、せっかく来てもうてるのに」と言うのかもしれませんね。でも、それは間違えていると思うのです。私は「校長である私が、この場でばあちゃんに謝ったところで、私がこの子を育てられるのか？」と、自問自答します。

やっぱり地域社会のドロドロした空気がある中での、「学校という場」なんです。子どもは、一日8時間学校で学び、その日々の学びが10年後の「社会で生きていく力」になります。温室で育ったら、社会に出た時に通用しません。ばあちゃんと大喧嘩をして、「もういい。あんたは私の言うこと聞けへんな。校長に言うてきたる」などと嫌なことを言われる。そういうことが大事だと思っています。

高山：なるほど。でも、そこまで門戸を広げていて、学校に危ない人が入ってきたりしないのですか？

木村：大阪府警のＯＢの方で、大阪にある３００校の学校を、年に１回ずつ回っている方が、「大阪の300校の中で、大空小学校は不審者が最も嫌う学校や」とおっしゃっていましたね。

高山：すごい！　どうしてですか？

木村：いつも人がいるからです。

高山：なるほど。

木村：それに、みんなが温かい顔していましたからね。違う人間がいると、すぐにわかります。ピンポンとインターホンを鳴らして人が来た時に、顔と名前が一致していない人だったら、一瞬にして、「誰？」という空気になりますから。

子どもにとってマイナスな大人というのは、目的が違うところにある大人です。それは匂いますよ。匂ったら、知らん顔をしていてはダメです。匂ったら、匂った段階で、「あんた、匂うで！」と、言わなければいけません。でも、子どもと一緒に自分が学ぼうと思っている大人は、オールOKです。学びの手法がどんなものであっても、目的を共有できていたらオールOKなんです。

高山：木村先生は、匂いを嗅ぎつけるセンスが研ぎ澄まされていそう。普通の人の200

倍くらいは余裕でありそうですね（笑）。

木村：そんなことないですよ。マイナスな大人に関しては、私よりもまず子どもが「あの人、変」と言います。どんなに見抜けると言ったって、大人には限界がありますから。

　その点、子どもはすごいですよ。でも、子どもがそうやって言ってきてくれるためには、「子どもが何でも言える」というベースがないといけません。「何を言っても受け入れてもらえる。それが学校だ」というベースがなければ、子どもは本音を語りませんから。

高山：確かに、「話せる人」には子どもは話をします。

木村：職員室は、子どもの、そんな声がたくさん集まる場でした。

高山：本当に大切な点ですね。声を大にして言いたいです。

木村：子どもは、職員室にいろんなことを言ってきます。職員室にいる人間は、誰がいたとしても、そういった子どもの声を聞く。聞いたら、瞬時に共有を心がけていました。

高山：「何を言っても受け入れてもらえる場所である」。それを一つ心がけるだけでも、家庭や学校は変わっていきますね。

木村：ある子は、外部から来た人に「大空の職員室は、困ったら何とかなる部屋です。大空の子どもたちが一番安心できる部屋です」と言っていました。

高山：今は、「職員室は、先生以外は立ち入り禁止」という学校も多いと聞きますが……。

木村：それは、公立の学校ですか？　パブリックの学校で、もしそれをやっているのであれば、間違えていますね。パブリックの学校は税金で運営されているのですから、「みんなの学校」なんです。パブリックの学校の職員室は、パブリックです。学校で子どもが入ったらダメなのは、更衣室と、切断機などもある機械の部屋。それ以外に子どもが入ったらダメな場所はありません。これが公立の学校です。職員室に、子どもに見られて困るものがあるのなら、しまっておけばいいのです。「机の中に入りきらんかったら、ロッカーの中に全部入れたらええやん」と、ロッカーを買いました。個人情報は、校長室の中の金庫に入れていました。泥棒さんが入ってくるかもしれないところに、個人情報は置いておけませんからね（笑）。

大人も子どもとともに学び続ける

高山：いいですねぇ。でも、学校に多様な大人がいると、指示系統が明確でなくなってしまうという問題がありませんか？　担任の先生、加配の先生、保護者の方、ボランティアで来てくださる地域の方など、その全員が「先生」と呼ばれる。結果として、「先生同士の意見が食い違い、子どもたちが混乱して困っている」ということも聞きました。これに関しては、木村先生はどうお考えでしょうか？

木村：私たち教職員がすごく大事にしていたのは、「私らが子どもを一番見ていて、わかってへんかったら、給料返さなあかんで」ということです。地域の方は、自分のペースでいらしてくださっているわけですから。

高山：ボランティアですものね。

木村：もちろんです。ですから、「子どもを一番、見ることができるのは、私らでなきゃあかんはずなんや」というのは絶対です。もちろん、放課後や夜など、教職員が地域にいない時間帯に、虐待を受けている子の家の周りをパトロールしてくださる地域の方もいらっしゃいます。私たちができない部分をフォローしてくださっていることは、重々承知していました。けれども、授業中に、地域の方がその子にとってプラスにならないような関わりをする時は、やっぱりキッチリ言わないと。必要な時は、教員がきちんと言うべきです。「今、それやったら、あかんねん」と。

私は常日頃から、教職員に対して「子どもの前で、教員が明確に『邪魔やで』と言えないとあかんで」と、言い続けていました。教員がそれをすることができないのであれば、地域の方に来ていただく意味がありません。

高山：そこ、ですね。家庭では一般的に親がその子の一番の理解者であり責任者ですが、学校では教員がその子の最高責任者でなければいけないということですね。

木村：そうです。そこは譲れません。「この子にとっていい関わりか？　いい関わりでないか？」。そこを判断するのは、学校の場合はお給料をもらっている専門家である教員の仕事です。その専門家である私たちが、「今、ちょっと邪魔やねん」ということは言わなければいけません。それが教員の仕事です。

高山：「この子にとっていい関わりか？　いい関わりでないか？」を判断すると思えば、親も自分の感情に流されることは減るかもしれませんね。でも、そこまでキッパリ言って、気を悪くされる方はいらっしゃいませんでしたか？

木村：そういうこともあるでしょう。「邪魔やねん」と言われて、「そんなん言われたし、もう行かへん」と思われる方は、それ以後、自らいらっしゃることはないでしょうね。一方で、「邪魔やねん」と言われた時に、「あ、そうか。今の私の関わり、あかんかったな」と学んでくださる方は、それ以後、同じような関わりはされません。

高山：なるほど。その方自身を否定するのではなく、その方の言動がＮＧなのですから、そこを変えればいいのですよね。

木村：自分の意思で、学び続けようとする。そういう人が増えて、そういう方が、どんどん学んでいってくだされば、家庭や学校、ひいては地域全体の「学びの場」としての空気が変わっていくわけです。ですから、大空の校門には、こんな看板をかけていました。

〈みんながつくる　みんなの学校　大空小学校は　学校と地域が共に学び　共に協力しあいながら　「地域に生きる子ども」を　育てている学校です。〉

高山：明確なんですね。

木村：そうです。そして、目配り。とても嫌な言い方かもしれませんが、先ほど申し上げたようなことを教員が実践できているかというチェックは、校長の仕事です。

高山：そういったことを、みなさんにどんな言葉でお伝えしていたのですか？

木村：保護者の方には、「この学校には、260人の子どもがいます。門を一歩入ったらサポーターです。『自分の子を育てたい』、そう思ったら、自分の子どもの周りの子どもを育てに自分の意思で学校に来てください」と伝えていました。

大人が「主体的な深い学び」を行えるようになってくれば、子どもたちも自然に「主体的な深い学び」を獲得していきます。「周りの子どもを育てる」イコール「必然的に自分の子どもが育つ」ということになるんですね。なぜなら、親が変わりますから、必然的にその子どもも変わっていくんです。これは、担任をもつ教員にも全く同じことが言えます。

高山：本当にそうですね。

木村：繰り返しになりますが、校長がとるべき唯一の責任は、「地域に生きるすべての子どもの学習権を保

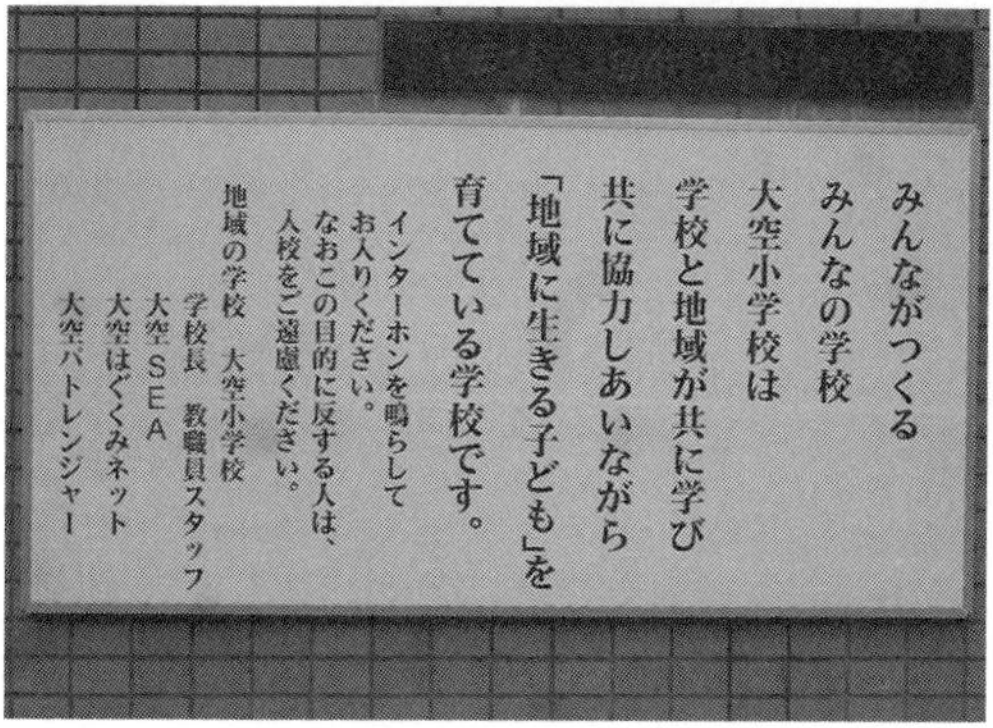

みんながつくる
みんなの学校
大空小学校は
学校と地域が共に学び
共に協力しあいながら
「地域に生きる子ども」を
育てている学校です。
インターホンを鳴らして
お入りください。
なおこの目的に反する人は、
入校をご遠慮ください。
地域の学校　大空小学校
学校長　教職員スタッフ
大空ＳＥＡ
大空はぐくみネット
大空パトレンジャー

障する」ことです。学校は、地域の鑑です。地域は、日本を構成する一つのパーツです。一つひとつの地域が、一つひとつ「学びの場としてのスキル」を獲得して機能するようになっていけば、それを繋げた日本社会も大きな「学びの場」となっていきます。いきなり、「日本社会が」などと話を大きくしてしまうから、「大変、大変！」となってしまうのです。「自分たちの地域を、どう安全な場に変えていけばいいのか？」。大人は、そこを考えるだけでいいんです。

今、日本には2万いくつの地域の学校があるわけです。自分たちの地域の学校で学んでいるのは、地域の宝です。すべての子が、宝です。そうしたら、校長の責任は、誰一人も見逃すことなく、誰一人も排除することなく、すべての子が安心して地域の学校で学んでいる。その事実をつくり続けることだと、私は考えていました。

高山：木村先生は、行動の人ですよね。

木村：「誰が、いつやるか？」というだけの話なんです。私の話を聞いて、「いいのはわかっているんですが、私の現実はそうではないんです」ではなく、「そうするためには、どうしたらいいんですか？」なんです。「自分自身を、まず変えようよ！」と。自分自身を変えることからしか、何も始まらないのです。

その子の周りを育てれば、すべての子が育つ

高山：木村先生は、自分自身を変えるために何からスタートされたのですか？

木村：大空は、２００７年に開校した新設校でした。「新しく生まれる学校だから、新しいタイプの学校をつくろう」とみんなで話したんですね。春休み、まだ子どもたちに出会う前に、「新しいタイプの学校って、どんな学校？　全員でビジョンを書こう！」と、教職員一同、紙切れ一枚と鉛筆を持って集まりました。でも、全く書けなかったのです。何一つ、思いつかなくて（笑）。いろいろ想像して書こうと思うのですけれど、全く書けなかったのです。みんなも書けなかったし、言い出しっぺの私も書けませんでした。

高山：そうなんですね。

木村：そこで、「今までの学校文化は、ここがおかしいよね」という視点で考え直してみようと思いつきました。自分たちが今までおかしいと思っていた「悪しき学校文化」について、まずは徹底的に洗い出そうということになったんです。例えば、「校長は、校長室

に引っ込んでいて、『君たち、ちゃんとやりたまえ』と言うだけ。やれなかったら文句だけ言う」「教室のガラスに画用紙をいっぱい貼って、教室内が見えないようにして授業をしているベテランの先生がいる。中で何をされているかと思って教室をのぞいたら、『邪魔だ』と言われた。こんな教師は、おかしいんじゃないか」など。こんなふうに悪しき学校文化をみんなで、ワーッと書きました。そして、一字一句変えずに全部ワープロで打って、全教職員が納得して断捨離して、大空をスタートさせました。こうやってスタートしたので、最初は何もないゼロからのスタートだったのです。だから、すべてゼロベースからつくっていきました。

高山：それは大変だったでしょうね。ゼロからというのは、どんなふうに？　何かロールモデルがあったのですか？

木村：何を見てつくったかと言えば、「目の前にいる子どもを見て」です。言い換えたら、これまでの学校文化は、主語が「先生」だったのです。例えば、「先生が、頑張っている」「先生が、どう教えるか？」「先生が、大変」「先生が、疲弊している」「先生が、教えるのが上手」。こんなふうに全部、主語が「先生」だったということに気づいたのです。だから、私たちは、「学校の主役は、『子ども』やな。だったら、主語を『子ども』に変えよう」と思いました。

高山：まさに「生徒中心法」ですね。

木村：そして私たちは、「公立の学校だから、『子ども』の前に『すべて』という言葉がつかなかったら、パブリックの学校として成立しない」ということにも気がつきました。どれだけ貧困であろうが、どれだけすぐ友達を叩いてしまう子であろうが、身体の障害があると言われる子であろうが、発達障害と診断された子であろうが、先生の言うことを全く聞かない子どもであろうが、「すべての子ども」です。その一人の子がパブリックの学校で安心して学ぶ、この事実をつくるのが私たちの学校づくりだよね、ということになりました。

高山：「目の前にいる子どもを見て、自分で考える」。その感覚、すごくよくわかります。私は、日本の大学では、薬学部を出たんです。後にアメリカの大学院で教育学を学びましたが、教育学を学ばずに10年間、英語塾を経営していた経験があります。その時は、常に「目の前の子どもが生きる教科書」でした。「子どもを見て、そこでうまくいく状況を探すことが大切」と思いながら、10年間、教えていたんです。木村先生も私も、「目の前にいる子どもから学んだ」「子どもから学ぶしかなかった」という状況が似ていますね。今、考えれば、そこがよかったのだと思うのです。

木村：そうですね。

高山：教育学という「理論」も大切ですし、現場での「実践」も大切です。でも、理論というのは、「これは、全員に使えます」というものではないですよね。目の前の子どもは、一人ひとり違います。ですから、子ども一人ひとりに対して、大人が自分で考えて、理論をアレンジしていく力が必要です。その「アレンジする力」というのは、子ども一人ひとりと信頼関係をつくって、そこから学ぶというスタンスが何より大切だと思うのです。

木村：本当に！　子どもに対して「なぜ、この子は、理論通りにいかないのだろう？」という発想をすること自体、根底に「何で枠にハマらないの？」「この子は、どうしたら理論通りにいくの？」という気持ちがあると思うのです。それって、私は、「枠組み」に子どもを無理やり「入れ、入れ」と入れていくみたいな感じに思えてしまうんです。子どもって、理論通りには育たないものですからね。それと、「教員がすべてを教えることなんて無理だ」ということを肝に銘じておくことも、私は大切だと思っています。

高山：「教員がすべてを教えることなんて無理だ」というのは？

木村：例えば、自分の考えをみんなの前で上手に伝えられない子どもがいたとします。この子が自分の考えを伝えられるようになるために、教員がその子を別室に呼んで、どれだけの「話すスキル」を教えて、どれだけの練習を積み重ねさせて、どれだけの力をつけたところで、その子は、「人の前で上手に話す」という成功体験を得たことにはならないのです。私たちには、子どもをそこまで育てられる力はないんです。その子がみんなの前で、自分から自分の言葉で語れる、この瞬間は、実はその子ではなくて、その子の周りの子どもたちが育った時なのです。

高山：というと？

木村：こんなことがありました。ある子、Aくんとしましょうか。Aくんは小学校に入学するまでに、自分の意思を伝える言葉を獲得していませんでした。だから、Aくんが初めてみんなの前で「パス」の2文字を言えた時、学校のみんなで大喜びしました。当時、問いに対して意見を言いたくない時やわからない時などに、意見の代わりに「パス」と言ってよいことになっていたんですね。Ａくんがその「パス」を言えるようになったのは、教員がＡくんに対して、「パスを言える指導」をしたからではありません。Ａくんが、本当に心から、「今、思っている自分の気持ちをここで言って大丈夫」と思えたからなんです。そう思える空気をつくったのはＡくんの周りの子どもたち。これが、「その子の周りの子どもたちがどれだけ育ったか」ということです。Ａくんを、「特性がある子」という言葉に置き換えても同じです。その子の周りを育てれば育てるほど、特性があったり課題があったりする子は、安心してありのままの自分を出すことができるようになるのです。

ここで大事にしたいのは、「その子の周りを、どう育てるか？」というのを、「その子のために、周りをどう育てるのか？」ということと取り違えてはダメなんです。「その子の周りが育つ」イコール「すべての子が育つ」ということなのです。「子どもは、子ども同士の関係性の中で育つ」のです。子ども同士の関係性を分断して、大人が自分の力をどれだけ誇示しても、「子ども同士が学び合う環境」以上の環境を大人はつくれない。それが、大空の学びの中で、私自身が獲得した力です。

高山：この基本を、親も忘れないようにしたいですね。

第2章

新時代を生きる力を育む

新しい時代に必要とされる力とは

見えない学力、「四つの力」

高山：ここまで教育の土台についてお話をさせていただきましたが、次に、これからの時代を生きる子どもたちにどういった力を育てる必要があるかということについて、お話を伺いたいと思います。木村先生はこの点についてどうお考えですか？

木村：日本の子どもが小学校を卒業する年齢は通常12歳ですよね。その子たちが大学を卒業して社会に出るのはその約10年後です。だから、私は、10年後、その子たちが社会に出る時に、「自分が、自分らしく、自分の言葉で語れる力」、いわば「10年後、生きて働く力」を育てたいと思っています。小学校の6年間は、スポンジのように何でも吸収する時期ですからね。「10年後、生きて働く力」を子どもにつけるために、私たち大人は何をすべきなのか？　まず私たちは最初に、「10年後、どんな社会になっているのだろう？」ということを想像しました。

高山：10年前に、今現在の社会を想像されたんですね。

木村：そうです。「10年後、どんな社会になっているかな？」と、みんなでいろいろ想像したんです。「今までの10年間も激動だったけど、もっといろんな変化があるよね」ってね。最近、教育現場では、「10年後の教員の仕事は、何なんだ？」という話がよく出ています。10年後、教科書を使っての教科指導だけしかできない教員は、人工知能（ＡＩ）に仕事を取られてしまうかもしれませんね。

高山：私もそう思います。親もＡＩが進歩している時代をイメージしながら、子育てをする必要がありますよね。

木村：そうですね。子どもが身につけるべき学力を二つに分けると、一つ目の学力は、いわゆる従来のお勉強で身につく「目に見える学力」です。そして、二つ目は、10年後に生きて働く力、つまり、自分の学びを通して身につけた、「目に見えない学力」です。この「見えない学力」を伸ばすことが、これから家庭や学校でつけるべき力だと思うのです。

高山：その通りですね。今まで、日本の教育は暗記力や計算力が学力の中心になっていましたが、ＡＩの発達で、今後は人間がそれをする必要はなくなっていきますよね。世の中で必要とされる能力もどんどん変化していきますね。

木村：私も、従来の日本の教育をガチガチに吸収してきた人間です。けれども、高山先生がおっしゃる通り、世の中はすごいスピードで変化しています。そして、教育現場は、この「すごいスピードで変化していく世の中」に出ていく人材を育てる場です。学びの場が社会よりも先に変わらなかったら、10年後に社会をつくっていく子どもたちを育てることはできません。遅れていたらダメなのです。

高山：本当にそうですね。それで、木村先生は、「10年後、生きて働く力」とは、具体的にどんな力だとお考えになったのですか？

木村：先にお話しした「見える学力」と「見えない学力」のところからお話ししますね。「見える学力」は、点数や数値で測ることができます。一方、「見えない学力」は、小学六年生の子どもが10年後に社会に出て、なりたい自分になるために必要な力です。

自分から、自分らしく、自分の言葉で語れる、なりたい自分になれる、そのために必要な力って何かなと、私たちは考えました。そこで出てきたのが、「四つの力」です。

高山：「四つの力」とは、具体的にどんな力なのですか？

木村：「四つの力」の一つ目は、「人を大切にする力」です。例えば、「1＋1＝2」が計算できなくても、「これ、なんぼ？」と聞けば、人から教えてもらえます。けれども、人を大切にする力は、人に教えてもらうことはできません。「どうしたら人を大切にできるの？　教えて」と言ったところで、教えてもらえるようなものではありません。そんな質問をしている間に、自分の周りから人がいなくなってしまいます。これからは人と生きていくことが、より意味をもつ世の中になっていきますから、「人を大切にする力」は、とてもとても大きな学力です。

二つ目の力は、「自分の考えをもつ力」です。社会がすごいスピードで変化していく時に、自分の考えをもっていなかったら、ただ流されていくだけです。「よいものは、よい！」「おかしいことは、おかしい！」と、そんなふうに自分の考えをしっかりもつ力。先生が何を言ったとしても、それは先生の考え。その考えに対して、自分はどう考えるのか？　子どもを大人の考えに従わせるのは、案外、簡単です。だからこそ、「自分の考えをもつ力」を育てることを意識していかないと、大人の考えに子どもを巻き込んでしまいます。すべての子どもは、「自分の考え」をもっているのです。

高山：おっしゃる通りですね。

木村：三つ目の力は、「自分を表現する力」です。人を大切にして自分の考えをもっていても、多様な国際社会では、自分を自分なりに表現しないと、スルーされてしまいます。「自分を表現する力」というのは、「こんなしゃべり方がいい」とか「あの子みたいに上手に話しなさい」などと、大人が指図するものではなく、その子が、その子らしく、自分の言葉で語ることができる、そんな力です。

四つ目の力は、「チャレンジする力」です。人を大切にして、自分の考えをもち、自分なりに表現しても、世の中は目まぐるしく変化していきます。その中を生き抜いていくためには、さまざまなことにチャレンジする力が必要です。チャレンジして失敗したとしても、「やり直し」をすればいいだけです。どんどん自分でチャレンジしていく、この「チャレンジする力」というのは、やっぱり大事だよね、とみんなで話したんです。

高山：どれも、本当に大事な力だと思います。家庭でも、意識的に「四つの力」を育てられるといいですね。

木村：この「四つの力」を優先順位の一番にして、子どもたちにつける。「おはよう」から「さようなら」まで、学校にいるうちに子どもたちが「四つの力」をどれだけ自分で獲得したか？　私たちはこれを第一に考えることにしました。「『四つの力』をどれだけ子どもにつけさせたか？」なんて、そんなおこがましいことは言えません。「『四つの力』をどれだけ、子どもが自分で獲得したか？」です。「『四つの力』以外は、放っておこう。私らに、そんな能力ないから」と、言っていました。「時間があったら、『見える学力』もやろうか」とも言っていましたね。

高山：面白いですね（笑）。

木村：でも、「見える学力」を放っておいても、当時の学力調査の結果はよかったんですよ。学力調査は、基礎的な知識を問う「調査問題A」と、学んだ知識を活用する力が備わっているかを見る「調査問題B」に分かれていました。「問題Bの成績を上げようと思っても、なかなか思うように上がらない」というのは、多くの教育現場が抱える共通の悩みなのに、調査問題Bの得点が高かった。これは、瓢箪から駒です。「見えない学力」を育てていると、自然に「見える学力」も育ってくる。これは9年間の大空の教育の、一つの結果です。

高山：それは本当にすごいですね。

木村：私が校長をしていた頃、地域では、塾に行っている子がほとんどいませんでした。子どもの宿題も見てやれない家庭も多い地域でしたから、「家庭教育」の「か」の字も学校からは要求しませんでした。けれども、自分にとって必要な力であれば、子どもは自分自身で獲得していくのです。「学力保障を頑張ります」などとお題目を唱えているようでは、本当の意味での学力はつかないと思います。

高山：現状の学校教育は、「見える学力」を育てる教科指導に重点が置かれて、卒業後に使う力である「見えない学力」を伸ばす時間がなかなかとれません。もったいないです、それを教えなければ。

木村：学力調査の成績を上げるために、過去問の練習をする学校もあります。過去問をすることを否定はしませんが、それをやることで、大事な「見えない学力」を伸ばす時間が減ってしまうんですよね。それは、もったいないですね。

身近な大人が自分の学ぶ姿を見せる

高山：ところで、子どもたちに「四つの力」を育てるために、大人はどんなことをすればいいんでしょうか？

木村：「『四つの力』は、どうやったら育つのですか？」という質問をよく受けますが、そんな時、私は、「大人が、ちょっと変わればいいだけやん。難しいことなんて、いっこもあらへんで」と、お答えしているんです。

高山：「何を、どんなふうに変えていけばいいのか？」、親も先生もそこが知りたいんだと思います。

木村：それは、「『四つの力』を育てる」ということをお題目にしないで、大人自身が自分の中でどう高めているのかを、常に自分に問い続けていくことだと思います。例えば、始業式の日、私は「校長先生の言葉」なんて必要ないと思っていました。新学期に子どもたちが体育館に集まったら、まず私が「おかえり」と言います。子どもが「ただいま」と返事をした後、私はみんなに「聞いていい？」と言うんです。長期休みの間、「四つの力」の中で次の学期に一番こだわりたい力を決めてくることにしていて、それを聞くのです。「『四つの力』全部を頑張る」ですと、焦点が定まりません。ですから、「四つの力」の中で、一つだけ、その学期に集中してつけたい力を決めるのです。

高山：先生方もお決めになっていたのですか？

木村：もちろんです。とても面白い光景でしたよ。「じゃあ、聞くよ」と言った後、「人を大切にする力にこだわる人」と言うと、それに決めた子が立つ。そうして、「四つの力」それぞれについて、自分たちが選んだ言葉の時に立つのです。「あの子、そこかぁ」「あの子は、そろそろ、そこをやるんだ」「俺、あの先生と一緒か。嫌やなぁ」などと言いながら、みんなで学び、認め合っていきます。

高山：楽しそうですね。

木村：授業で発表する時に、みんなに向かって「顔を見んといて！」などと言っていた子が「チャレンジする力」で立ったりすると、「なんか、すごいな」と、みんなワクワクしますよね。いつの間にか、教職員だけでなく地域の方も、その輪に入っていらっしゃいました。その間、司会の私は一切自分の考えを言いません。

高山：常に子どもと同じ目線で学んでいる大人の姿こそが、いい行動モデルですね。

木村：自分と同じ目線で学んでいる大人の姿がすぐそばにあることほど、無条件に子どもたちに影響を与える教育環境はありません。大人が一生懸命学んでいるから、子どもも喜んでその力をつけようとするのです。

高山：子どもが自分自身で決めた目標があり、大人も一緒に学んでいる……。そうしたら、学校は面白くなりますよね。自分で決めたことはやりたくなります。人から言われたことは、やりたくありませんけれどもね（笑）。

木村：文部科学省が行う調査に、「あなたは、自分の学校が好きですか？」という項目がありました。大空は当時、この項目で「好き」と答える子どもの割合が90％以下に落ちたことはありませんでした。

高山：すごいですね。校長先生に、「おかえり」と言ってもらえるって、子どもたちにしてみたら相当嬉しいですよ。

木村：「おかえり」と言ったら、子どもは「ただいま！」と言います。

高山：それこそが、「居場所」ですものね。「おかえり」という言葉を、自分の家では言ってもらえない子もいると思うのです。その言葉を聞くためだけに、学校に行こうと思う子もいると思います。

木村：そうかもしれませんね。

高山：それで、自分がこだわりたい「四つの力」を決めた後は、どうするのですか？

木村：その学期の始業式の日に、「自分は四つの力のどの力にこだわるのか？」「それはなぜなのか？」「どういう手段で、その力をつけるのか？」ということを、みんなそれぞれ紙に書きます。そして、その自分で書いた考えをもとに、一学期間、子どもたちは学んでいきます。

そして、その学期の終業式の日に、「自分が今学期、こだわると決めた力に対して、自分としてどうだったのか？」「自分の力は、どうなったのか？」ということを振り返り、紙に書きます。これで、一つの学期の学びが完結します。子どもは、自分で書いたすべての文章をファイルに綴じて、6年間ずっと持っているんです。

高山：素晴らしいですね。家庭でも、例えば、年の初めや新学期の始まりに、家族みんなでやってみてもいいですね。

木村：「振り返る」ことも大切です。「本当に今の『四つの力』で大丈夫なのか？」ということについて、全教職員で常に振り返り、対話をしていました。

高山：決めた後、「決めっぱなし」ではなく、ちゃんと毎年、考え直していらっしゃったのですね。

木村：そうです。自分たちが毎日取り組んでいくことですから、「自分ならば欲しいという力は、もっと他にないか？」と、教職員たちと自分事として考え続けていました。「お題目」みたいな学校目標だったら、ないほうがいいですからね。でも、自分たちで決めたのであれば、本当によいものかどうかは、いつも吟味して、徹底的にやることが大事ですね。

高山：木村先生は常に、目の前の子どもたちの様子を見ながら、「この子たちにとって、一番必要なものは何だろう？」と、考えていらっしゃったんですね。

木村：そうですね。常に「今、一人の子どもの前にいる一人の自分」に集中しています。

校長、教職員、保護者、地域の人、来校する外部の人。子どもの周りには、ややこしい肩書きのついた大人がいっぱいいます。でも、本当は、肩書きなんか関係なく、一人の子どもの前に、一人の自分がいるだけなのです。一人の自分が、「これでは、あかんな」と、自分を変える。ボケッとしていたら、子どもに蓋を閉められて、どんどんどんどん、子どもの姿を見失ってしまうのです。

高山：子どもを取り巻くすべての大人がその意識をもてたとしたら、社会は大きく変わっていきますね。

自ら学ぶ力をどう育てるか

知識やスキルではなく、「学び方」を教える

高山：大人自身も変わっていく。大切ですよね。では、子どもの姿を見失わないために、大人はどんなことに気をつければいいのでしょうか？

木村：少しわかりやすく言い換えるとしたら、「子ども自身が自ら学びを獲得していくような環境を、大人はどうつくっていくのか？」という話ですよね？

高山：親も先生も、とても気になる部分の話だと思います。

木村：では、授業の中で、教科書があることで自分の考えをもつことができない教科があるんですが、それは、「国語」「算数」「理科」「社会」のうち、どの教科だと思われますか？

高山：全部の教科です、と言いたいですね（笑）。

木村：まず、国語の授業を例にお話ししますね。この教科は、教科書を使って進めていきます。国語という教科の特性は、質問の答えが、全部、本文に書いてあるという点です。文章を読んで、文章から答えを抜き取ればいい。例えば、「ごんぎつね」の作品で、「ごんは、なんでうなずいたのでしょう？」という質問の答えは、自分の考えではなくて、設問の文章の中から読み取るものです。

文章の中の「うなずいた」という言葉から、「ごんは、撃たれても満足したんじゃないかな？」という自分の考えをもつのです。「うなずいた」というこの言葉から、「悪いことをしなければよかったと、ごんは思っていると思います」と、子ども自身が思う。これが、自分の考えをもつということです。ですから、すべて設問の文章に戻り、文章から自分の考えをもってくる、これが国語という教科の特性だと言えます。

私は、授業の前に、子どもにその文章に対する予習をしてくるように伝えます。すると、次の授業時間になって私が「やろか」と課題を書いただけで、子どもはブワーッと自分で学びを進めます。そういう授業をしていくためには、やっぱり予習が大切なんですね。

高山：どんな予習なのかを、具体的に教えていただけますか？

木村：まず、文章の中に全部「形式段落」の番号をつけて、例えば「次の授業では、第5場面をやるよ」というように伝えておきます。第5場面の課題である、「兵十はどうしてごんを撃ってしまったんだろう？」という問いについては、「形式段落の15から20の中にあるよね」という確認は、前の授業の時にやっておきます。そして「この課題を解決する文章は、形式段落の18から20の中にあるよ」と提示しておきます。ここまでは、ノートのとり方を教室で個別指導するような感じで全員に教えておきます。

子どもは、何一つしばりがない状態で、今、自分がもっている力でその文章を読んで、「この言葉から、自分はこう思う」ということを考えていきます。これを、子どもが自由に自分の意思でやればいいんです。中には文章を読むのが苦手な子もいます。文章を読めない子も、当然います。ノートは出来上がっているから、文章を読めない子は、それを家に持って帰って、そこに書いた文章を眺めてくるだけでも大丈夫です。授業中に周りを見ていたら、「ここに何か大切なことが書いてあるんだろうな」ということは、ちゃんと感じ取っていますからね。文章は読めても、やっぱり何もわからなかったら、「わからない」と書いてもOKです。これが、「国語の予習」です。

「国語の予習」が終われば、自分の意見を書いたノートが出来上がっています。ですから、次の授業の時に、「では、始めようか」と言うと、子どもたちは「その課題で、自分は3段落目のこの言葉から、こんなふうに感じて、こう考えた」ということを、どんどん発表するのです。自分が予習をした時に感じたこと、考えたことをノートに書いてみると、子どもは人に聞いてもらいたくなりますからね。

高山：なるほど。そうした自分の考えを、大人や周囲の子どもたちが聞くだけでも、本人は、とても満足した気持ちになりますよね。

木村：そうなんです。ただ、「この文章から、何もわからへん」という子も、もちろんいます。その意見を聞いた子たちは、「なるほど、あの子はこの文章から、何もわからへんって思ったんだな。でも、俺は、こんなふうに感じたけどな」と思いながら、それぞれが納得していくわけです。これが個々の子どもの、今もっている力に応じた家庭学習です。これを毎時間毎時間積み重ねていくのです。

高山：素晴らしいですね。ただ、子どもに「自由にのびのびと」と言っても、自由であるためには、教員がきちんと「ベースを提示する」必要がありますよね。「自由に思考させること」と「ベースを提示すること」は一見正反対のように思えますが……。

木村：そこの論理を説明するのには、信号にたとえるとわかりやすいかもしれません。「赤は渡ってはいけません」「青は渡ります」「黄色は危険です」。「では、青から黄色に変わりつつある時には、あなたは、どうしますか？」という問い。この問いの答えを、子ども自身が考えられる力をつけようということが、私が目指している「学び」なんです。「赤は渡ってはいけません」という知識を教えることは、わりと簡単です。けれども、「青から黄色に変わりつつある時には、あなたはどうしますか？」ということを自分で考えて判断する力、いわば「物事や事象から、自分なりに学んでいく力」を教えるのは、すごく難しいことです。

高山：木村先生は、「学び方」を教えているのですね。

木村：はい、そうです。「学び方」を教えられている子どもは、自分で、どんどんどんどん、自分の学びを深めていきます。

高山：現在、毎日の授業が「入試を突破するためのもの」という位置づけになっている学校も多いですよね。でも、人生は学校卒業後のほうが長いですから。入試を超えた先のところですごく必要なのは、「学び方」なんですよね。

木村：そうですね。今の国語の授業を例にとると、子どもはそれぞれに予習をしてくるから、授業が楽しいのです。なぜなら、最初から授業に主体的に入れるからです。予習は、「与えられるもの」ではなく、「すでに自分が今もっている力」＋「自分で学んだこと」であるべきです。

高山：私も常々、宿題は「実力＋1」の課題を出してくださいと言い続けています。

木村：そう、まさに今のは「実力＋1」ですね。家での学習（予習）を自分の力にするために、私は「こうやってノートをつくって、ここに自分の考えを書くんだよ」という「学び方」を、最初にクラス30人に徹底して個別指導します。そうしたら、誰でも確実に家での学習ができるようになるのです。

高山：「自分の考え」を評価、比較しないことも大切ですね。

木村：そうなんです。「自分の考えを書いてくる」というところを、比較しないというのは、とても大切なポイントですね。「あの子は、これだけやってきたんだから、あなたも頑張りなさい」なんて大人が言う必要はないと思うんです。「わからない」と書いた子が、「わかりません」と言ったら、「そっか。あの子は、このことはわからんのか。俺は、こう思ってるけどな」と周りは思えて、それ自体がものすごい学びですからね。

高山：「あの子は、ここがわからないんだな」とか「でも、自分はこう思う」とか、子ども自身が感じられること自体、多様性を学んでいるということですものね。

木村：国語を勉強するために、国語の授業があるのではないのです。国語の授業は、手段の一つです。ここで大人がすべきことは、多様な子ども同士の関係性をどう繋いで、それを社会でどう生かすかを、きちんと考えておくことです。これが、社会性ですよね。手段が、たまたま国語の授業であるだけなんです。でも、目的を、「国語を学ぶこと」にしてしまうと、社会性や人間力はつきません。

高山：本当にそうですね。どんな力をつけるかが大切ですね。

子どもが自ら学びたくなる仕掛け

木村：では、次は、「社会科」の話をしましょうか。私は「国語」「算数」「理科」「社会」のうち、教科書が必要なのは、「国語」と「社会」の2科目だと考えています。「社会」は何もないところから想像したり考えたりするという科目ではありません。歴史だったら、社会の教科書はもちろん、図書館に行けば、たくさんの資料がありますよね。今だったら、スマートフォンで検索しても、山のような情報が出てきます。例えば、「貿易」というテーマだけでも、調べることはたくさんあります。それを前の授業の時に、「次の時間の課題は、貿易ですよ」と、ノートの左の半分に貼っておきます。

そして、右側に、自分で調べてきたことを書きます。絵を1枚コピーしてペタンとノートに貼って、1行書いている子もいれば、面白くなったのか、夜も寝ないで調べ始めてすごい資料をつくってくる子もいます。でも、基本的には「ノート1ページしか使ったらあかん」と言っていました。

高山：1ページと限定しているのは、なぜなのでしょうか？

木村：毎日の授業の予習を、そんなにたくさんする必要はないからです。でも、「1ページしか使ったらあかん」とは言っていますが、プラスアルファはOKです。ですから調べ出して止まらなくなった子は、ノートが足りなくなると広告の裏に書いてきたものを貼りつけていたりして楽しかったです。

授業の始まるチャイムが鳴って、教員が課題を黒板に書くと、勝手に発表が始まります。自分が、調べてきているのですから、調べたことをみんなに言いたいんですね。国語の時と同様、どんどんと発表が続きます。授業は、30人が30通りの、「自分が調べたことを発表する場」であるだけですから、誰も全く「負荷」を感じてはいません。

高山：みんなが、発表をしたいんですね。みんなに言いたいんだ（笑）。素晴らしい！

木村：そうそう（笑）。「ほう、なるほど」という世界です。博士みたいに話す子に対して、「お前、社会好きやな」「賢いな、お前」と言う子がいる。それも大いにありです。社会が好きなら、社会を一生懸命やったらいい。体育が好きな子は、体育をやったらいい。ただ、それだけの話です。

高山：それも多様性ですよね。

木村：そうなんです。そうやって、自分と友達の違い、友達と友達の違いを知って、子ども同士で繋がっていくわけです。そんな中には、重度の知的障害と診断されている子も、当然います。その子も、みんなが発表をしていたら、「面白い」という空気を感じ、周りの子どもたちの言葉や動きから力を獲得していきます。プーッと前に行って、つばを黒板の、発表した子が書いたところにペタンとつけたりするんです。

高山：その子に1票が入ったのですね。

木村：そしたら、「Mちゃん、これ、興味あるんや」ということになって、発表していた子は、休み時間に「Mちゃん、あれの続きやけどな」と話をしに行き、子ども同士の会話は広がっていきます。だから、Mちゃんが教室の中にいてくれている意味は大きいのです。社会に出て、いろんな人に出会っても、「Mちゃんみたいやな、この人」と思ったら、いたずらに避けたり怖がったりせず、当たり前に付き合うことができるんです。

高山：なるほど。

好奇心を刺激し、対話を促す

木村：私は、算数と理科については、教科書を使わずに授業を進めていました。理科の教科書には、すべてが記載されているからです。理科という科目は、実験や観察から成り立っています。けれども、教科書には実験や観察の「目的」「方法」「結果」「考察」が、全部、最初から書いてあるのです。

そもそも、理科という科目のスタート地点は、「なぜだろう?」「どうしてだろう?」という興味なんです。例えば、「なんで、花に蜂がとまるのだろう?」というような純粋な好奇心ですよね。子どもが「なぜだろう?」と思った時、「どうしてなんだろうな」と自分の頭で一度考えてみなければなりません。でも、考える前にすべてが記載されている教科書を見てしまったら、「自分の力を総動員して、自分の頭で考えてみる」という営みが丸ごと欠落してしまいます。「教科書を見たら、書いてある」ということになったら、子どもは、それを見るだけで考えることをやめてしまうと思うのです。

けれども、子どもが「なぜだろう?」と思った時、「なんでだと思う?」と大人が返すと、「なんでかな?」「○○だからなんじゃないの?」「そうだね」と、対話的な学びが始まります。「酸素と二酸化炭素」という単元を例にとれば、子どもが「なんでだろう?」という問いをもつところがスタートです。「どうしたら、わかる? それを調べる方法は?」と聞いてみると、子どもたちは実験についてグループで話し合います。「その実験をするには、何が必要?」と問えば、「フラスコが必要だ」「ビーカーが必要や」と、実験そのものをみんなで話し合った上で始めているので、「お前、これ取りに行け」「俺は、あれ取りに行く」と、自分たちで率先して動いていきます。教員のやることといったら、「危険はないか」を見守っておくことだけです。

高山：まさにアメリカの授業と同様ですね。疑問を重視して、仮説を立てることこそ、理科教育では大切なところですね。それが研究の種ですから。

木村：そうですね。実験が終わると、子どもたちは自分たちの実験をみんなに発表したいので、結果をクラスでシェアしていきます。グループごとに発表していったら、各グループの接点が見つかります。接点が見つかっていくということは、この方法の実験は正解。もちろん、接点が見つからず、各グループが個々に違う結果になってしまったら、またそこで対話が始まります。

例えば、「重たい」ということを実証するため

の実験をしていたのに、「軽い」という結果が出たら、「なんでこのグループだけ軽いんやろうな？　どんな実験の仕方したん？」「いやこれは、薬品を間違ってるんやな」と、そこで子どもはものすごく学びます。それが終わった後、教科書を開いてみたら、同じことが書いてあって、「やっぱりな」ということになります。

高山：確かに、科学は本来、結果の暗記ではなく、プロセスが大切です。私も塾を経営して算数や理科を教えていたので、先生の授業に興味があります。

木村：算数は、国語の真逆です。例えば、0.4＋0.8の計算のやり方というのは、教科書に全部書いてあります。算数の学習というのは、すべて既習事項が基本にあるのです。ここで、「計算の仕方」を教えるだけの授業を積み上げていくのであれば、知識を詰め込むだけになってしまいます。

例えば、「0.4＋0.8の計算の仕方を考えよう」という課題があった場合、私はこんなふうに授業を進めます。まず、「この課題を解決するために、あなたはどんな見通しをもつか？」という問いを、子どもに投げかけるのです。すると、「難しい小数点の計算なんかわからへんから、整数の計算をもとに考える」と言う子もいれば、「0.1をもとに考える」と言って0.1を積み上げていく子も出てきます。そういう見通しもなければ、ドットを書いて考えるとか、線分図で考えるとか、絵を描いて考えるとか。全員が、自分の今もっている力で考えます。

そして、私が「じゃ、やろか」と言って『見通し』のカードを黒板に貼ると、それぞれの子が、今自分がもっている力で考えた見通しを発表していきます。それを黒板に私がダーッと書いていくんです。友達の発表を見て、「自分は線分図でやると言ったけど、0.1をもとにするほうがやりやすい」などと気づいたら、自分の見通しは変えてもいいんです。むしろ、どんどん変えていったらいいんです。

ある程度見通しが出揃ったら、「見通しはこれくらいでいい？」と、子どもに確認します。そして、黒板に『自分の考え』というカードを貼ると、子どもたちはノートに自分の考えを書いていきます。もちろん、ノートのつくり方については、事前にきちんと教えてあります。「課題はここに書いて」「ここに線引いて」と、それこそ手取り足取り（笑）。

高山：「なぜそうなると思うの？」「どうやったらできるかな？」という質問は、家庭でも大切にしてほしいと思います。考える力や問題解決力のトレーニングそのものですよね。

暗記中心の勉強は、ＡＩ時代にはあまり意味がなくなりますよね。
木村：本当にそうですね。「0.4って、何だろう？」という問いが生まれたら、「0.1 0.1 0.1 0.1 これを足したら0.4」と書いてる子もいれば、「整数をもとに考えたら0.4は0.1が4個分、0.8は0.1が８個分だ。そしたら４＋８で12。この12という数字は0.1の12個分だ」というように考える子もいる。自分の見通しと自分の考えをノートに書ければいいんです。
高山：素晴らしいですよね。
木村：算数の時間は、消しゴムは机の上に出しません。人間誰しも、間違えてると思えば、消したくなるものですから。でも、消しゴムで消してしまったら、自分の思考過程も消えてしまうのです。
ですから、もし間違えだと気がついたら、鉛筆で線を１本引きます。自分の考えを消すわけですから、丁寧に大事にね。こうすれば、自分の思考の過程がよくわかり、間違えたこともずっとノートに残ります。そして、次に他の問題を考える時に、「あ、そうだ！この考え方は間違っていたんだ」と思い出すんです。そうやって、どの子もみんな、そんなノートをつくっていくんです。

高山：なるほど。

木村：とにかく経験しかないのですよ。自分でやって失敗してやり直して、やって失敗してやり直してを繰り返して。そうやって自分のものにしていくのです。大人は、子どもの試行錯誤の報告を聞いていればいいんです。私が教員だった頃は、授業中に授業者の私が話す言葉なんて三言ぐらいでした（笑）。自分の考えや見通しを滔々《とうとう》と話す子もいれば、「あんな、あんな、これは、これでな」とつっかえながら話す子もいます。でも、それ自体が一人ひとり違っていて、自分から自分らしく自分の言葉で語り互いに学び合う、とても大事な時間なんです。

　みんなで算数の解決の方法をそれぞれ出し合って共通点を探すのも楽しかったですね。子どもが10人いれば、10通りのやり方があって、それぞれ違うけど、共通点がある。この共通点をみんなで見つけることが、算数の授業のねらいです。ここで共通点から外れる答えを出してくれる子がいたら、それはそれで、みんなで「どこが間違えたのだろう？」と考えるきっかけになるからいいんです。間違った答えを出してくれる子は「学びのリーダー」になります。

高山：間違えた答えを出してくれる子が学びのリーダー、本当に素敵な言葉です。

木村：ありがとうございます。正しいことばかりを教えてもらうだけだったら、「つまずく経験」ができませんからね。

大人が「正解」を示さない

高山：大人のそういう気持ち、そんな姿勢が、子どもを育てていくのですね。

木村：今、家庭や学校では、効率ばかりを求めます。「知識を詰め込むこと」に追われてしまうのです。けれども、知識を詰め込んで、「いい高校」「いい大学」に行くための「受験力」をつけたところで、それだけでは生き抜いてはいけません。

高山：本当にそうです。それは2020年からの「学習指導要領」の改訂内容とも繋がっていくお話ですよね。

木村：そうなんです。そこを考えていくために、まず「今の教育現場の問題点」から考え始めましょうか。今の教育現場の問題点をひと言で言うのであれば、「学校や先生が、『正解』をもちすぎている」ということです。学校の先生が正解をもっているので、親も子も、その正解に合わせないといけないと思ってしまうのです。

高山：すごくわかります。私はアメリカに留学して、とても驚いたことがありました。それは教育概論で、「見本は示すな。そうするとクリエイティビティが伸びないから」と言われたことですね。本当にビックリしました。

木村：私は、「一切『正解』のない授業をしよう」と言っていました。人が生きていく上で、「正解」なんてないですよね？　「見本を示すな」という言葉の裏にある意味は、大人が正解を示すなということでしょう？　大人が正解を示すと、弱者である子どもたちにとっては、それが水戸黄門の印籠になってしまいます。「上手に生きていくために、大人の示す『正解』にヒットしないといけない」と思ってしまう。これが、「正解」がもつ恐ろしさなんです。

高山：本当にそうですね。そのことに気がつかないことが多いですよね。

木村：もし子どもに見本を示したいのであれば、「失敗しなさい。大人が失敗して、やり直しをする姿を子どもに見せなさい」と、私は言い続けています。多くの大人は「お手本」を見せて、「ああいうふうにやるのが正解です」と教える。その「正解」の中に入ることが、学びだと思っている。そういう時代は、そろそろ終わりですよね。

高山：木村先生がおっしゃることは、すごくわかります。けれども、子どもに正解を示さないということは、日本の教育を受けてきた多くの大人にとって、すごく難しいことでもあると思いますよ。何しろ、自分自身、学校は「正解を習うところ」という日本の教育を受けて育ってきたのですから。

木村：あぁ、正解を習う、ね。

高山：私自身、留学中に「自分には、日本の教育が染みついている」と、痛感した出来事がありました。大学附属のチャイルドケアセンター（保育園と学童が合体したような施設）で、異年齢の子どもたちがグループでかぼちゃのお面を作るという活動のサポートをした時のことです。気がつくと、私は子どもたちに「目って、いくつだっけ？」などと聞いていたのです。

木村：教えているんですね（笑）。

高山：そうなんです。手先が不器用で糊が上手につけられない子のお面は、鼻の位置を真っすぐに直してしまったり……。あとで、先生の他のグループのお面を見たら、ユニークで面白いお面がたくさんありました。一方、私のグループは全く独創性のない「普通のお面」ばかり。あれは衝撃的な光景でした。強いショックを受けたんです。

木村：ウフフ。

高山：私は日本の教育が肌に合わず、嫌だと思って、わざわざアメリカに留学して、さらにアメリカの大学院で教育学を2年半も学んだ後だったのに、日本式の教え方が染みついていることに自分で驚きました。

木村：本当にショックだったのですね。

高山：ええ。あの時に、「染みついた価値観を変える」ということがどれほど難しいかを痛感しました。ですから、私のセミナーを受講された先生や親御さんから、「高山先生のセミナーを聞いて『変わろう』と固く決意したのに、すぐもとに戻ってしまうんです」とよく言われるんですが、そんな時は、「染みついた価値観を変えるのは、並大抵のことではないんです」と言って、私の「かぼちゃのお面事件」のエピソードをお伝えしています。そうすると、みなさん、「私だけではないんですね」と、安心なさるんです。でも、あれを契機に、私自身、ずいぶん変わったと思います。

木村：高山先生は、ご自身を変化させるために、どんな工夫をされたのでしょう？

高山：私は、うまくいかなかった場合は、「違う方法はないか？」と、常に考えるように心がけているんです。私を含め、人は、「自分がやってきた方法」が「正解」だと思いがちなんですよね。でも、「みんなの学校」の映画を見て、多くの方が「こういうやり方もあるんだ！」と感じられたと思うのです。今の生活のすべてを変えることは無理ですが、うまくいかない時こそ、何かを変える勇気が必要ですよね。

木村：そうですね。

高山：親も先生も、「これが、この子のためなんだ」と心から思って、日々子どもたちに接していらっしゃると思います。私が残念に思うのは、うまくいかない時にも、「これが、この子のためなんだ」「これが正解なんだ」と、うまくいかなかった同じ方法で頑張り続けてしまう大人が多いということなんです。

私は、講演会でよくこんなふうに質問します。「みなさんは、うまくいかない時にどうしていらっしゃいますか？　同じ方法を続けることを選びますか？　それとも違う方法にトライしてみますか？」と。

木村先生は、うまくいかなかった時は、常に違う方法にチャレンジされています。でも、多くの人は、うまくいかなかったのに、「これが、正解だ」と同じ方法を繰り返してしまうのです。挙げ句、「絶対にうまくいくはずなのに、うまくいかない。ダメなのは私じゃなくて、この子が悪いのだ」という思考回路に陥ってしまうことも多いのです。

木村：あぁ。

高山：そこで、ちょっと視点や発想を切り替えることができたら、全然違うんです。そこさえ変えれば、硬直している事態がよい方向に動き始めるかもしれません。でも、ここで「違う視点や発想もある」ということは、一人で悩んでいると出てこないことが多いですよね。

木村：本当に。

高山：日本の教育を受けて育ち、日本の中だけで生活していると、「これが、正解だ」と思っているので、そもそも「違う視点があるんだ」という発想が出てきません。先ほどの「かぼちゃのお面事件」の通り、私だって難しかったのですから（笑）。

木村：発想を切り替えるためには、もっともっと、みんなでしっかりと対話をする必要がありますね。「今、自分がやっていることの『目的』は何なのか？」ということをね。目的さえしっかり見定めることができれば、「手段」である上澄みの部分は、いくらでも切り替えができますから。

宿題は子ども自身が選ぶ

高山：「目的」を明確にするのは、すごく大切ですよね。そういう意味で、私は木村先生と、「宿題」についてお話をしてみたかったんです。

木村：ああ、宿題ですね。先日、教育現場の先生方と「今、子どもたちが一番困っていることは何か？」という話をしていたら、ある若い先生が「宿題だと思います」とおっしゃったんです。ビックリして、「えーっ？　宿題？」と言った後、私はすぐ聞いてみました。「あなたのクラスには何人の子どもがいるの？」と。その先生は「35人です」とおっしゃるので、「毎日、35通りの宿題を出しているんですよね？」と確認しました。

高山：そう考えてくださる先生がいることが、嬉しいです！　ちょっと頑張ればできる、「実力＋1」の課題ですよね。宿題は「手段」であって、「目的」は、自尊感情を育み、やる気スイッチを壊さないで子どもを育てていくことだと思います。それなのに、自分に合っていない宿題をしなければならないことで、自尊感情が落ちてしまう子も多くて。完全に、「手段」と「目的」の主従関係が入れ替わっています。

木村：そうですね。でも、「実力＋1」の課題を与えるためには、そもそも「その子の実力はどれくらいか？」ということを教員が知らなければいけないんです。

高山：おっしゃる通りです。

木村：そこをみんな、わかっていないんですよ。

高山：現場の先生方は、「宿題は、クラス全員に同じものを出さなければいけない」と思っていらっしゃるので、その価値観を変えるのは難しいです。また、子どもによって出されている宿題が違うということになれば、子ども同士で「あの子だけズルい」といった話も出てきますよね？　そこのところを木村先生は具体的にどう対処されていたのか、ぜひ教えていただきたいんです。

木村：先ほどの話に戻りますが、その若い先生に「毎日、35通りの宿題を出しているんですよね？」と確認したら、その場にいらした先生全員が、「えーっ！」と凍りついてしまって（笑）。それで、私は、「宿題については、いっぱいいっぱい雑談してきました。今から、その時のお話を少ししますね」と、伝えました。

高山：ぜひ、そのお話を伺いたいです。

木村：ある日の休み時間のこと。Jくんが一人で鉛筆を手に持って、ロダンの「考える人」みたいに、「うーん」と机の前に座っていました。Jくんは休み時間が大好きな子だったので、「あんた、どうしたん？」と私が聞いたら、「宿題をずっとやってきてなかったんや。昨日、『明日はやってくる』と言ったのにやってこなかったから、今日は自分から休み時間遊ばずに宿題をしてるんや」と言うのです。

私が「あんたさ、宿題というけれど、答えなんか1個もわからんのやろ。わからんのに、ここ座ってるんやろ」と言ったら、「俺、自分でわかるんやったら、家でやるやん」と言うのです。Jくんの家は、「母ちゃん、これ教えて」といった会話をもてるような家庭環境ではなかったんですね。

高山：つらいですね。

木村：Jくんは、「みんなは普通にやれているのに、お前はなぜできないんだ」ということで劣等感を植えつけられ、自尊感情をもてなくなっていました。こういうことでズタズタに傷ついて、前の学校では学校に行かれなくなった子でもあるんです。

私は「無理やったらやめとき。式だけ書いていたら万々歳やわ」と言って、その日は終わりました。そして放課後、職員室の雑談タイムに「今日、Jくん、こんなんやってん」と切り出しました。「例えば35人の子どもがいて、計算ドリルの①番から⑩番まで『はい、これをやってきなさい』と宿題を出せるのは、『35人のクラスの子全員が、家で一人で、①番から⑩番まで全部できます。大丈夫』という自信がある先生だけや。その自信もないのに、『家で宿題をやってきなさい』と言うのは、犯罪に近いやろ」と話しました。

高山：親の大きな悩みの一つは、「家庭でしっかりと宿題をさせなければいけないこと」ですので、多くの親が感動するお話です。

木村：そしたら職員室のみんなも「確かに」と言うんです。でも、「では、どうしたらいいのか？」というのはわからないのです。宿題を、「やれたら、やりなさい」でほったらかしているのであれば、まだいいんです。でも、宿題は次の日、「やったかどうか？」をチェックされます。「宿題をやってきたのか？」と言う権利があるのは、その子その子の能力にあった35通りの宿題を出した先生だけなんです。

この話をすると、先生はなかなか反論できません。35通りの宿題を出すべきだとは思っていらっしゃらないのですが、これは結局、「授業中、全員の子が理解しているとは思えていないのに、全員の子に同じ宿題を出しているのはどうなんだ？」と、自分に問いとして返ってくる話なんです。だって、授業中、全員の子が、その単元を理解できているわけでもないのに、全員が家で宿題ができるわけがないのですから。

高山：そこがポイントですよね。

木村：授業中に子どもがわかっているのか、いないのか？　わかっていない責任は、誰にあるのか？　わかっていない責任は、授業者である教員にあるのです。「あなたは、お給料をもらっていますよね？」と。ここは、絶対に外してはいけないポイントです。「子どもが、授業を聞いていないから、わからないのです」では、あかんのです。地域の人はボランティアで、困っている子の横に来てくれています。でも、教員は、お給料をもらっているプロです。ここの違いは、はっきりさせておかなければいけません。

さて、私が「35人に宿題を出すのなら、35通りの宿題を出さないといけませんよね」と言ったら、一人の若い先生から「それを校長先生はできるのですか？」と聞かれました。私は「できるわけないやん。無理！」と言いました。そして、「その子がどこまで理解しているかなんて、私たちにはわかりません。それを『わからなければいけない』と思っていたら、病気になってしまいますよ。ＡＩではないのだから、そこまで私はわかるわけがない。私にはわからない、ということだけわかっていたらいいんです。わかろうとする手段は、子ども本人の自己申告しかないんです」と言いました。

高山：それで、木村先生ご自身はどうされていたのですか？

木村：これは、私がリアルに体験したことなんですが、Ｊくんの宿題が問題になった時、「35通りの宿題を先生は出せへんねん。どうしたらいいだろう？　みんなで考えよう」と、子どもたちに聞いてみたら、子どもからアイディアが出てきました。

高山：どんなアイディアが出てきたのでしょう？

木村：その時は、「①番から⑩番までが今日の宿題。でもこの中のいくつやるかは、自分たちで決められる」というアイディアが出てきました。進学塾に行っているような子だったら、学校の宿題ではなく塾の宿題をやったほうが、よっぽど力が伸びる場合もあります。ですから、完全に理解ができている子は、形だけ1問やって、「俺、こんでええねん」と言います。実際に、それでいいんですよ。子どもって、自分の力を何となくわかっていますからね。

高山：その発想が、すごいですね。

木村：それで「宿題は、計算ドリルの①番から⑩番です。でも、昨日までと今日は違います。①番から⑩番までのどの問題をいくつやるかは自分で決めます」と教員が伝えたんですね。すると、Jくんは「俺も自分で決めていいの？」と言うのです。この「俺も」という言葉が、Jくんが置かれていた今までの環境のすべてを物語っています。この「俺も」という言葉を聞いて、心に何も感じない大人がいっぱいいます。けれども、教員が何も言わなくても、「当たり前やんけ、お前」と周りの子が言うんです。

高山：いいですね。

木村：次の朝、子どもたちと「Jは1問やる言いよったけど、ほんまに1問やってくると思う？　先生どう思う？」「無理やろ」なんて会話をしていたところ、校門に入ってくるJくんが見えたんです。みんなが「J、1個やってきたか？」と問いかけたら、Jくんは歩きながら顔は下を向けたまま、頭の上で大きな丸をつくったんです。その時に周りの子から歓声が上がりました。「あいつ、宿題、やってきた」「うわ〜、やってきた」とね。

高山：素敵です。そこで先生が「Jくんは1個でいい」と指示を出さないということも、とても大切なことだと思うのです。

木村：そこを指示すると、2通りの子が出てくるんですよ。「先生、なんでJだけ差別するのん？　Jも、できるやん」という子。一方で、「なんで俺ら10個やって、Jは1個でええのん？　ひいきや、ひいき」という子。これは、教員が指示をするから起こるのです。全員の子に対して、授業というオープンな場で、「自分で宿題の数を決めていい」という同じ条件が与えられている。与えられた条件の中で、個々の子どもが選び取るものは、全部違いがあって当たり前です。目的は、できないところができるようになることですから。

高山：日本では「宿題を選択式にする」ということが、まだまだ一般的ではないですね。

学校の先生に伺うと、「平等にできないから」「宿題の評価ができないから」などとおっしゃるのです。私は大学院でも教えていましたが、「最終課題は、プレゼンテーションとレポート、どちらでもいい」としていました。そうすれば、もし「あの人は、レポートを書かなくていいんですか？」と聞いてくる学生さんがいても、「あなたも書きたくなかったらプレゼンで大丈夫よ」で済みます。私自身、LD（学習障害）があってレポートを書くのが難しかったので、アメリカの大学では「レポートの代わりに、プレゼンテーションをしていいですか？」と申告して、何の問題もなくＯＫをいただき、卒業できました。

木村：そうなんですね。

高山：一番大切なことは、宿題を本人が自分自身で選ぶことですよね。「自分で選ぶ」ということが、平等なんです。全員が自分で選べば、誰も文句は言えません。大学生ならともかく、それを小学校でやっていらっしゃったというのは、すごいことですね。

木村：小学校だから、その手法が必要なのです。園児から「ひよっこ」になりかけた時に、その手法を取り入れる。これが、アクティブ・ラーニングの基礎です。教員が「正解をもっていない」というポーズを存分に示す、簡単に言えば「何を言ってもＯＫ」という態度で子どもに接していれば、子どもたちの思考はどんどんと広がっていきます。子どもの思考がどんどん広がっていくことは、大人の思考はもちろん、他の子どもの思考世界もどんどん広げていくのです。これは家庭でも同じだと思います。

子どもが自分で自分を評価する

高山：「正解」に関連して、もう一つ質問してもよろしいですか？　教育現場では、「正解」「不正解」の評価をすることこそ、大人の仕事だと思われている方も多いのです。けれども、本来の学びは、「間違えた、その先」にあることも多いんですよね？　例えば今、うまくいかなかった。でも、その瞬間を捉えて「これは、こうすればいいんだよ」と言われた時、「あ、そっか」と、そこで納得した経験は多くの方がされていると思うのです。その瞬間こそが、子どもが物事をスッと学べる瞬間だと私は感じています。それを「ティーチャブルモーメント（教え時）」として、とても大切な概念とアメリカで学びましたが、このニュアンスを教育現場にいらっしゃる先生方はもちろん、親御さんにもお伝えすることが難しいと常々感じています。なぜなら、先ほどもお伝えした通り、大人は、「正解」「不正解」

といった「評価」をすることが自分たちの仕事だと思っているからです。そこのところを木村先生は、どんなふうにお考えですか？

木村：今のお話については、「評価をどのように捉えるのか？」ということから考え始めるとよいと思います。評価は、指導の結果です。「指導の結果が、評価である」とするならば、「大人は、子どもに対して何を指導しているのか？」ということを明確にする必要があります。「みんなの学校」が子どもに指導していたことは、「四つの力」でした。「人を大切にする」「自分の考えをもつ」「自分を表現する」「チャレンジをする」。この「四つの力」を、授業の中でどれだけ子どもが獲得したか。これが、「みんなの学校」にとっての「評価」なんです。「知識を、どれだけたくさん蓄えられたか？」ではないんですね。

高山：なるほど。

木村：学校で「評価をする」となると、いまだに、テストをして点数をつけ、平常点も加味しながら、「大変よい」「よい」「がんばろう」といった3段階評価をすることが多いですよね？ 世の中がこれだけ変化していっているのに、子どもを評価する視点が、それこそ戦後から、そう大きくは変わっていないのです。日本の教育現場の評価は、まだそういった段階に留まってしまっています。

本来であれば、大人は、「どんな指導をしたから、どんな評価（結果）が出ているのか？」ということに、もっともっと自覚的であるべきです。これは常に、「問い」として自分に返して考え続けなければならない事柄です。

高山：本当にそうですね。そんなふうに考えていくことができるようになれば、先ほどお話ししたティーチャブルモーメントも逃さず指導できるし、そもそも、「正解」「不正解」を評価することが大人の仕事、といった地点に留まってはいられなくなりますね。ところで、木村先生はどんなふうに子どもたちを評価なさっていたんですか？

木村：子どもが、自分で自分を評価していたんです。すべて、子どもの自己評価です。「子どもが、自己評価をきちんとできているのか？」ということ自体が、その子どもに関わっているすべての大人の評価なのです。

高山：えっ、子どもが自分で自分の評価をしていたのですか？

木村：そうです。小学一年生でも、評価は全部自分でできます。なぜなら、評価規準が明確だからです。

高山：その明確な評価規準とは？

木村：「『四つの力』を自分なりに獲得しているのか？」。ただ、それだけのシンプルな評価規準です。「四つの力」をつけるために、「おはよう」から「さようなら」までの時間がある。これが、評価規準であり、到達目標です。評価をするのは、子どもです。子どもの自己評価を見て、私たちは自分たちの指導を振り返っていました。

高山：では、いわゆる「通知表での評価」については、どうされているのでしょう？

木村：私が勤務していたのは公立の小学校ですから、もちろん通知表での評価もありました。「通知表」での評価というのは、どれほどきれいごとを言ったとしても、やっぱり見える学力の評価でしかないと考えています。ですから、そこはきちんと大人側でフォローをすることが大切です。「通知表での評価は、点数で測る部分の、あなたの一部分の評価でしかない」と。そして、「一番大事なのは、あなた自身が自分をどう評価しているかという自己評価です」ということも伝えます。

高山：「一番大事なのは、あなた自身が自分をどう評価しているかという自己評価です」。すごい言葉ですね。多様性を支える根幹になり得る、すごい言葉です。

木村：今、「多様性」はキーワードのように使われています。「みんな違って、みんないい。」その通りなのは頭ではわかっている。わかっているけど、できない」というのが、今、親や先生が生きている現実なのだと思います。「いいよね」と思うことをやろうとすればするほど、そう思って行動を始める大人自身がしんどくなってしまう……。

けれども、「多様な子どもが、多様な学びをしている。それが本当に、いいよね」と、そんなふうに思う大人が一人、二人、三人と増え、「多様な学びは、本当にいいよね」という空気が真ん中よりちょっとでも多く占めるようになった段階で、びっくりするくらい社会は「変わっていいんだ」という雰囲気になると思うのです。その「空気が真ん中より、ちょっと多く」というところにいくまでがとても苦しくて、それが実は「今」なんだと思っています。

2020年からの新しい学習指導要領で、文部科学省は、「多様な社会で生きて働く力をつけよう」と打ち出しています。学習指導要領が変わったからといって突然走りだしたら、アキレス腱が切れますからね。腰痛にもなると思うのです(笑)。変わらなければと気づいた今、この瞬間から、ウォーミングアップのジョギングを始めること。それが大事ですよね。

「あなたはどう思うの？」と問いかける

高山：未来への展望が、だんだん見えてきましたね。ところで、木村先生は、子どもの主体性については、どんなふうにお考えなのでしょうか？　これからは、「自分で考える力」「質問する力」「主張する力」「今はない、新しいことをクリエイティブにつくり出せる力」といった力が必要です。けれども、今の日本の教育のままでは、そういう子を育てるのは難しいのではないかと、私は感じてしまうんです。

木村：高山先生は、なぜ、そうお感じになるのでしょう？

高山：アメリカ留学時代、アメリカと日本の教育の「目的」が違うということを、私自身が痛感したからかもしれませんね。

木村：どういうことですか？

高山：今までの日本には、常に「日本より先を行っている国」というお手本がありました。ですから日本の教育は、「どれだけ『お手本』通りにできるか？」に重点があります。一方で、私がアメリカに留学していた20年前、いろいろな意味で世界のトップランナーだったアメリカは、「今、存在しないものをつくっていける子」を育てる必要がありました。

こんなふうに日本とアメリカでは、そもそも「育てたい子ども像」が違っていたのです。私は、「アメリカのような教育が、これからの日本では必要だ！」という気持ちで帰国し、再び塾を経営しました。でも、ある時、小学六年生に、「自分の好きなように自由にクリスマスカードを作ってみよう」という授業をしたら、子どもが「何を描いたらいいんですか？」と聞いてくるのです。

「自分が好きなもの、何でも描いていいのよ」と言っても、「何を描いたらよいかわかりません。教えてください」と聞いてきます。仕方がないので「クリスマスツリーや星は、どう？」と言うと、みんなが同じ絵を描くのです。「何を使ってもいいのよ」と伝えても、「色鉛筆は使っても大丈夫ですか？」などと、一つひとつ確認しに来るのです。

木村：小学校で、そうやって教えられているからです。六年生だと体に染み込んでいますからね。

高山：当時、私は日本の教育現場のことをあまり知らず、塾を経営して「アメリカの教育を、日本でやろう！」と意気込んでいましたが、この件で、正直なところ「日本の小六だと、すでに遅いのかもしれない」と感じました。それで、「では、幼児教室をやろう！」と思い立ち、実際にやったら、みんな自由に活動できたんですよね。

木村：小学校なら、一年生が勝負です。一年生の子どもはまだまだ弱いですから、どんな教員でも、頭を押さえつけることが可能です。一年生の間に形づけられて、一つのスーツケースの中に入れ込まれたら、そこからは出られません。心の中でそのスーツケースの中に自分を押し込んで、生涯ずっと持ち歩くことになります。だから私は、「子どもをスーツケースに入れるのではなく、風呂敷で包み込もう」と、常々言っているのです。

高山：それを、どう指導に繋げたらいいのでしょうか？

木村：まず、小学一年生には、トイレに行く時の言葉を教えます。多くの学校では、授業中、子どもが「トイレに行っていいですか？」と言ったら、教員は「いいですよ」と言うか、「もう少しでチャイムが鳴るから、チャイムが鳴ったら行きなさい」と言います。「トイレに行きたい」と言ってきた子に対して、教員が行動指示を与えるわけです。もしそんなことをする教員がいたとしたら、私だったら「あんた、バカちゃう？　なんでトイレ行ってていいかって聞いてきた子に、あんたが許可を与えんねん？」と、私はパワハラ全開で言いますね（笑）。

高山：木村先生は、どう言えばよいとお考えなのでしょう？

木村：そんな時は、「なんで私に聞くの？」と言えばいいのです。「あなたがどれだけトイレに行きたいかは、先生はわからへん。授業中に行ったらあかんって、あなたが思っているのは、わかっている。でも、それは人に聞くものではない。我慢できるんだったら、我慢すればいい。我慢できないのだったら、行かねばならぬ。それは、自分の問題です。ただ、黙ってトイレ行ったら、みんなビックリするから、『トイレに行ってきます』と言えばいいんだよ」と、子どもに伝えます。「トイレに行っていいですか？」ではなく、「トイレに行ってきます」。この言葉遣いを教えます。

高山：日本の子どもは、常に「○○していいですか？」という質問形式です。日本の教育現場を知らなかった頃、私も「これって、どういうことなんだろう？」と感じていました。

木村：言葉は、本当に大切ですね。「トイレに行っていいですか？」という言葉は、必ず「トイレに行ってきます」に正します。大人は、「はい」とだけ言えばいい。子どもは、すべて自分の意思で行動をするのです。

高山：子どもは、すべて自分の意思で行動をする！　素敵です。

木村：「○○しなさい」などと大人が指示をしてしまう時って、子どもの可能性を信じていない時なんです。子どものことを、わかろうとしていない。例えば、目の前で「くそばばあ」と言っている子がいたとします。その子に対して、「くそばばあと言ってはいけません」などと言っても、意味がないですよね。「なぜ、この子は、くそばばあって叫ばざるを得ないんだろう？」。そんなふうに、自分への問いとして、自分に返すのです。それが子どもを丸ごと信じるということです。

高山：親も、我が子から「くそばばあ」と言われたら、ムカつくし、すごいショックだとも思います。

木村：私はベテランのことをベテランというのもいやらしいんで、「BA（BABA　ババの略）」と言っていたんですけど（笑）、ある時、BAみんなで落ち込んだんです。自分たちが、今までよかれと思っていた「指導」や「しつけ」は、子どもたちに対して、どれだけの暴力を振るっていたことになるのか、と。また「自分の指導力を誇示するために、子どもたちを洗脳している自分があったのではないか」とも思いました。

高山：親子関係でも同じことがありますよね。「しつけ」という暴力、洗脳になっていないか、ちょっと我が身を振り返ることは大切ですね。ところで、どうして木村先生はそれに気づかれたのでしょうか？

木村：多様な子どもたちがいたからです。私が「わかりましたか？」と聞いた時、「はい」と言うような子ばかりだったら、私は、一生、それに気がつくことができなかったことでしょう。「わかりましたか？」と言ったら、「わかるわけないやろ」と言う子、「何で『わかりましたか？』って聞くんや？」というオーラを出している子、返事をする以前に目の前から逃げ出す子……。そんな子たちと出会って、「あれ？　今まで私が『製造』してきた子と違う子がいる」と思いました。

そして、次に、「実は、『製造』できる子なんて、一人もいない」という恐ろしい事実に気がついたんです。そう気がついた時、トコトンまで落ち込みました。「私は、先生という看板をぶら下げている資格はないし、先生を辞めなければならないのではないか？」と、どん底まで突き落とされたんです。

高山：教育の目的は、「画一的な人間の製造」ではないはずです。木村先生は、「画一的な人間の製造」をしないために、どんなことに気をつけていらっしゃいましたか？

木村：その子自身の言葉を、大切にしていました。大人もそうですが、自分の言葉が大事にされると、自分の言葉で表現できるようになるんです。

高山：おっしゃる通りです。木村先生は、子どもの言葉を引き出すことが、とてもお上手ですよね。私は、映画「みんなの学校」をメモをとりながら見たことがあります。あの映画は、「これ、使える！」というワザの宝庫なので、それを親御さんや先生にご紹介したいと思っているんです。学びの場で、実践で使えるワザですからね。

木村：嬉しいですね。ぜひお願いします！　実は、自分で自分のことを語るのは、すごく難しくて（笑）。

高山：例を一つ挙げるとすれば、映画の中で、修学旅行中に灯籠に上って遊んでいる子が出てきました。その子が木村先生に「これ、やっていい？」と聞くシーンがありましたよね。その子は、「やってはいけないことだ」と、ちゃんとわかっているんです。その時、木村先生は、「ダメです」とは、おっしゃらず、「どう思う？」と問い返しているんです。

これはぜひ、家庭でも使ってほしいですね。それこそ、自分で考えるきっかけになり、自己選択することになりますよね。「ダメです」と言うのは簡単ですが、「どう思う?」と子どもに問い返す。「あなたは、どう思う?」と。この言葉がけは、自分の考えをもつ発端になりますし、自分の言葉を表現しようという意思にも繋がっていきます。そんなふうに常に木村先生は、子どもたちに質問していらっしゃいますよね。質問形式にして、子どもたちの言葉を引き出していらっしゃる。

木村:なるほど(笑)。そう言われてみると、そうですね。

高山:英語の「エデュケーション(education)」、つまり「エデュケイト(educate)」というのは「引き出す」という意味です。一方で、日本語の「教育」の「教」という文字は、「鞭《むち》で叩く」という意味があるそうです。ビックリですよね。日本の教育には、「鞭で叩いて躾《しつけ》る」みたいなイメージがあるのかもしれませんね。その点、木村先生は、「エデュケイト」を自然になさっているのが素晴らしいなと感じるんです。

木村:なるほど。案外、そういうこと、自分ではわからないんです。私は教員である前に、一人の人間として、子どもの前にいるだけなので。

高山：子どもへの命令文を質問形式にしてみる。これだけでも、全然、違います。「○○しなさい」でなく、「○○するのは、どうかな？」。子どもを一人の人間として尊重し、意見を聞く態度は、家庭でも特にティーンエイジャーになると大切になりますね。

「愛の鞭」という表現がありますが、子どもが「愛情」を感じることができないと、ただの「鞭」になってしまいます。ＡＳＤ（自閉症スペクトラム）の特徴である「言葉以外のメッセージ」がわからないタイプのお子さんは、特に注意が必要だと思います。

第3章

一人も排除しない環境をつくる

障害がある子がみんなとともに学ぶには

障害の有無というくくりで考えない

高山：木村先生は、特別な支援が必要とされる子どもも、同じ教室でともに学び、育ち合う教育を実現されました。木村先生が実践されてきた教育は、「インクルーシブ教育※」とも呼ばれていますが、日本ですべての子をインクルーシブ教育の中で育てることは本当に可能なのでしょうか？　アメリカには特別支援学校はないのですが、特別支援教室や特別支援学校の必要性についてどう思われますか？

木村：それは一概には言えず、その子がもっている課題によります。例えば、大空には、私の在職中、目や耳が不自由な子、肢体不自由な子など、いわば身体器質的に障害がある子どもはいなかったんです。一方で、知的障害や、発達障害があると言われている子どもはたくさんいたんですね。この二つの支援、つまり器質的な障害がある子への特別支援と知的障害や発達障害があると言われている子への特別支援は、別の事柄だと考えたほうが

※インクルーシブ教育：障害の有無にかかわらず、誰もが地域の普通学級で学べる教育

わかりやすいと思います。

高山：そうですね。

木村：身体器質的に障害がある子は、訓練が必要なこともあります。一方で、後者の子に対しての特別支援とは、具体的に何をすることなのでしょうか？

そこを明確にすることがとても重要です。私は、知的障害や、発達障害があると言われている子たちが、その子自身で周りの子どもから獲得する学びを大切にしたいと考えていました。人間関係の基本を学ぶ小学校時代、周りの子どもの声や言葉、動きを自分の全身を使って吸収する、その子自身が獲得する学び。子どもにとって、これに勝る学びはないと思っているからです。

高山：なるほど。では、木村先生は、特別支援教育は必要だとお考えなのですね？

木村：もちろんです。先の例で言えば療育的な訓練が必要な子がいれば、教員である私たちが学んで、その子の訓練までできることが理想です。それができないのであれば、療育のプロを学校に呼びます。その子は、私たちの学校で学んでいるわけですから。その時、もしその子が「みんなの中で訓練したい」と言うのであれば、当然、みんなの中でやればいいと思います。でも、他の子と違う訓練を受けている姿を、友達には見られたくないかもしれませんよね？　そうしたら外から見えないような部屋を学校内に用意して、そこで療育のプロが訓練すればよいと思います。多くの学校で、そのような子の保護者が、「この子にだけ、特別な対応はできません。そのような対応が必要なら、特別支援学校へ行ってください」と言われているのは、不思議だなと思います。

高山：そうですね。

木村：要するに「くくり」ではないんです。「障害がある」「障害がない」という「くくり」で考えるから混乱するのです。大切なのは「その子にとって、必要なことは何か？」です。みんなと一緒に学んでいく中で、「先生、うちの子はボタン留められへんねん」というのであれば、その子への関わりは、「ボタンを留められること」に集中しなければいけません。「コミュニケーション力はついたけど、学習障害傾向があるので計算は苦手。スーパーに行って一人で買い物できひんねん」というのであれば、その子に対しては、「計算機って、こんなんやで」と、計算機を持ってスーパーに一緒に行くという関わりが必要でしょう？

その子にとって必要な力は何か？　必要であれば、学校は柔軟に対応すればいいと思っています。もちろん、それは個別対応になることもあるでしょう。だからといって「障害」があるから、算数の時間はこっちの部屋」という話とは、根本的に違います。「分ける」「分けない」ではないんです。

高山：その「柔軟な対応」がやりたくてもできない、と感じる先生が多いですよね。

木村：その子にとって、必要な力は何か？　その瞬間瞬間に「その子にとって必要な力」を一番に教えてくれるのは、親です。ですから、「母ちゃん、こんでええか？　今、何が必要や？」と親に聞き、その子に関わるすべての大人が自分事として関心をもち続ける。それが「チーム」です。チーム力で、必要な時に必要なことをする。それが結果的に、個別対応が必要だから一人だけ別の場所で学んだほうがよいということになるかもしれないし、みんなの中

で学んだほうがいいということになるかもしれない。そこは、どうでもいいと思うのです。かえって「これからはインクルーシブ教育なのだから、特別支援教育は不要だ」ということになったら、すべての子を育てることはできなくなります。

高山：その子の状況に応じて柔軟に対応するということですよね。ちなみに、アメリカでは、特別支援学校はなくて、基本的にインクルーシブで、肢体不自由の子も、知的障害のある子も、目の見えない子も、まずすべて同じクラスで合理的配慮を受け、学べるようにすることになっています。

木村：それが、ベースなのですね。インクルーシブ教育の中で、その子が必要とする専門的な療育や特別支援をきちんと受けることができる。そういう仕組みが、教育システムの一環としてごく当たり前に認知され、整備もされているのでしょう。

高山：そうですね。別室で専門の療育を受ける場合もあるし、最重度の脳性麻痺の子が、普通クラスにいるという風景も珍しくありません。その場合は、授業中、その子の痰を取るのは、専門訓練を受けた人が一対一で補助として付いていっていました。

木村：痰を取るのは、専門の訓練が必要ですよね。私にも経験があります。

高山：木村先生が、ですか？

木村：かつて勤務していた学校には、重度の脳性麻痺の子どもが在籍していました。その子のお兄ちゃんが五年生にいて、親は特別支援学校に入学させるか、お兄ちゃんと同じ地元の小学校に入学させるか、とても迷っていらっしゃいました。その子に食事をとらせるには専門技術が必要でしたし、痰も取らなければなりません。舌が奥に入ってしまったら呼吸もできませんから、常時誰かが付いていなければならない状態でした。「私らのできることは、こんだけしかない。最終的に決めるのは、母ちゃんやで」と伝えたところ、「先生、この学校に通わせるわ」と、親御さんが地域の学校に通わせることを決断されました。それで、学校としては、「できること、みんなでやろうや」ということで、その子は六年間、みんなの中で過ごして卒業していきました。

高山：専門性が必要な介助は、どなたがされたんですか？

木村：やっぱりお母さんが、一番できますよね。私はその時、校長でもクラス担任でもなく、教務主任だったかな？　とにかく自由に動ける立場だったので、「まず私がわかるようにならなければ」と、その子の自宅に通って教えてもらいました。そうは言っても、療育のプロではないですからね、大したことはできませんでしたけれど。

高山：すごいですね。アメリカでは、看護師のトレーニングを受けたアシスタントがクラスで担当します。

木村：その子は重度の脳性麻痺で、話はできませんでしたが、いろんなことを目で伝えていました。いつもみんなの中にいるので、周りの子たちが「先生、今、Aちゃん、怒ってるで」などと言うんです。「なんで、わかるん？」と聞くと、「目、見てみ」と。

高山：子どもたちの力もすごいですね。

木村：大人になると、すべてが、「他人事」になってしまいます。誰にだって身体が不自由になる可能性はあるし、家族がそうなる可能性もあるでしょう。そのことを、自覚しないといけません。「自分だったら、どうだろう？」「自分の子どもだったら、どうだろう？」と。「インクルーシブ教育」という言葉を使うと仰々しい感じがしますが、大昔から人間が大切にしてきている、そのノウハウだけで7割はクリアできる話です。社会には、いろいろな人がいるし、それは、ごく当たり前のことです。子どもを、それをベースに育てれば、ずっとその「当たり前」が続くのです。

高山：そこ、すごく大切ですね。インクルーシブ教育の本当の価値はそこにありますね。

「その子がみんなといるために必要な支援は何か？」を考える

木村：ここで大人が最も注意すべきことは、子ども同士の関係性を分断しないことです。大人は子ども同士の関係性を繋ぐのです。「障害がある子」「障害がない子」ではなく、ただ、そこにいる子どもたちの関係性を繋ぐだけでいいのです。

高山：でも、それをするのって、相当の力量が求められませんか？

木村：もちろんです。大空の教職員の中で、誰が特別支援教育コーディネーターをやっていたかと言えば、みんなから本当に信頼されていた二名の教員でした。「この二人に聞けば、だいたい子どもはこっちを向くよね」という信頼される二人です。

高山：特別支援教育に関わる先生の力量・格差が大きく、すごく大切な問題です。

木村：そうですね。私は今、全国の教育現場を回っていますが、日本の特別支援教育の現実に対して、強い危機感をもっています。

高山：私も同感です。

木村：特別支援が必要な子は一定数いて、その子たちにはスペシャリストの力が必要である。これは至極当たり前のことで、大事なことです。けれども、今の学校現場は、この大事なことの上澄みだけを、うまく利用している場合も多いようです。

普通学級で扱いにくい子どもに対して、「この子には、特別支援教育が必要です」と、別室に「ただ、分ける」だけ。そして、力量に問題があって、学級担任をもてないような教員を、「特別支援の担当」として配置する場合が多いんです。そんな現実が、全国にどれだけあるか……。

高山：特別支援教育の「特別」というのは、英語で言えば「スペシャル」です。身近な生活で考えてみると、例えば「スペシャルランチ」と言えば、やっぱり「普通のランチ」より豪華で、本当にスペシャルな感じがあるでしょう？（笑）アメリカの場合は、特別支援教育が、きちんとした「スペシャルな教育」なんです。基本、特別支援の担当者は特別支援教育の大学院修士号をもっている必要があり、インクルーシブ教育をしている通常クラスの先生にアドバイスする立場です。

木村：もう、本当にそこですよね。日本の現状は「あの教員は、できが悪いから特別支援学級の担当にするしかない」といったことを公言される校長もいます。それが現実です。この現実に、私は強い憤りと切羽詰まった危機感をもっています。

高山：特別支援が必要な子が、本来の意味での「スペシャルな教育」を受けられる環境は少しずつ広がっていますが、そのシステムを早急に全国に広げていく必要があります。

木村：本当ですね。特別支援教育で議論されるべきことの中心は、その内容やクオリティです。それなのに、いまだ多くの教育現場では、「特別支援教育とは、普通学級で扱いづらい子を別の教室に分けること」でしかない。これって、今の日本の教育がどうにもならない「行き止まり」になってしまっている原因でもあるんです。

一斉指導に適合しづらい子を、特別支援教育という名のもとに、ただ排除しているとい

う現実。異質の子は、排除をする、排除されてしまう。その考え方そのものが、一番の問題なんです。

高山：「異質の子を排除」は、学校に限った話ではないですよね。

木村：社会も一緒ですね。

高山：卵が先か、鶏が先かという話です。日本の社会は、異質なものを排除しがちかもしれませんね。でも本来の意味でのインクルーシブ教育の中で、しっかり日本の子どもたちを育てれば、未来の日本社会はインクルーシブな社会になります。

木村：でも、私には、現状、日本の教育は、本来の意味でのインクルーシブ教育とは正反対の方向に行ってしまっているとしか思えないんです。

高山：アメリカのインクルーシブの出発点は、「社会でみんなと一緒にいるために必要な支援は何か？」を考えることです。インクルーシブ教育がベースで、特別支援教育は「みんなのところ、なるべく通常のクラスや社会に一緒にいるため」にあるのです。

木村：そういった特別支援教育なら、意味がありますよね。

高山：本来の意味でのインクルーシブ教育をするのであれば、まず先に特別支援教育の仕組みを整えておくことが大切です。先ほどお話ししたように、最重度の脳性麻痺の子が普通クラスにいるためには、授業中、専門訓練を受けた人が一対一で補助として付いて、その子を支援する必要があります。そういった支援体制を整える必要がありますね。

特別支援教育のイメージは、「その子がみんなと一緒にいるために必要な台」なんです。これが合理的配慮ですね。そして何より、同じでない子を受け入れる場を先に用意しないと、そもそもの話として、インクルーシブ教育は成り立たないのです。

木村：あぁ。今、何かすごく納得できました。本質的な意味でのスペシャル教育ができる教員の養成。本当に大切ですよね。

高山：適切な特別支援教育は早ければ早いほうがいいんですよ。アメリカでは、「特別支援教育は、一年でも早いほうがいい」ということは、ごく当たり前のこととして多くの人が認識しています。脳は10歳までが、とりわけ柔軟性が高いのです。発達障害の場合は「繋がっていないシナプス」があるので、そこを繋げる適切なトレーニングを早い時期からしてあげることで、ずいぶんと楽になる子がいるのです。

木村：なるほど。

問題行動の本当の原因は何なのか？

最初の「見立て」を間違えない

高山：ここで一つ、話をとてもややこしくしている問題があるんです。私が教員向けの特別支援教育の講座で発達障害について話をした後、「ここで学んでいる特別支援教育の知識って、正直、先生たち、現場で使えないでしょう？」と問いかけると、うなずく方が多いんです。「それはなぜかと言うと、その子たち、愛着障害なんですよね」と。

木村：わかります。今の特別支援教育の現場での混乱、そこですよね。

高山：はい。発達障害と愛着障害の混同なんです。発達障害という診断名がついた子の中には、かなりの割合で愛着障害が含まれていると気づく人も多くなりました。

木村：愛着障害の子、たくさん見てきました。

高山：愛着障害の子は、以前から一定数いて、木村先生のように、自然にサポートする先生がたくさんいたんだと思うんです。愛着障害には2種類あって、一つはＡＳＤ（自閉症スペクトラム）に似た症状を示します。そして、もう一つはADHDに似た症状なんです。ですから、子どもが不安定になったり落ち着かなくなったりしている原因が、「愛着障害」なのに、「発達障害」の研修が多くなり、すぐに「発達障害」と診断されているケースが、今、非常に多い感じがします。

「発達障害」と「愛着障害」を混同してしまっていること。これが現場での大きな混乱に繋がっています。最初の「見立て」を間違えてしまうと、本当に必要な支援を受けることができなくなってしまう。そんな子どもがたくさんいるという現状があります。

木村：高山先生は、なぜそのことに気づかれたのですか？

高山：児童養護施設で働いていたことがあるからですね。児童養護施設にいる子の多くは、虐待を受けて育っています。ですから、チェックリストを使うと、ほぼ9割の子が発達障害と診断されそうなくらいです。病院に行って発達障害と診断され、ADHDの薬を処方されている子もいました。私は、「あの子は、愛着障害だからADHDの薬は効かないと思う」と言ったら、実際に薬が全く効かなかったのです。

木村：そもそもの話として、発達障害の診断は、どうやって行われるのですか？

高山：アメリカの診断基準であるＤＳＭ[※1]やＷＨＯ（世界保健機関）のＩＣＤ[※2]が使われていて、他にもいろいろなチェックリスト、心理検査などで、総合的に判断されます。ポイントは、「こだわり」や「多動」があっても、日常生活で支障がなければ診断名がつかないということです。

木村：なるほど。

高山：私は、今必要なのは、「多動」や「不注意」、そして「衝動性」といった症状の原因をしっかりと見極められて分析できる人だと思います。そういった状態が、生まれつきドーパミンなどの神経伝達物質の不足による脳の実行機能障害を原因として起きている場合は、ＡＤＨＤの薬が本当に効くんです。私の場合、リタリンでしたが、薬を飲んだ後、30分後には効果を実感できました。一方、愛着障害の場合は、後天的に別の理由で実行機能障害になるということがわかってきました。その場合、薬ではなく、特に親の愛情やスキンシップがあれば落ち着くのです。

木村：すごくよくわかります。「触るなよ」なんて息巻いている子は、実は触ってもらいたくて仕方がないのです。そういう子たちに対してスキンシップ的な関わりをしていくこ

※1 精神疾患の診断・統計マニュアル。 ※2 疾病及び関連保健問題の国際統計分類（略称：国際疾病分類）。

とで、その子たちがどんどん変化していったなんて経験、山ほどしていますから。

高山：そうだと思います。ただ、ＡＳＤの子の中には、感覚過敏があって、本当にスキンシップが嫌な子もいますので、注意が必要です。

木村：その視点も、大切ですね。

高山：古くは、貧困からくる虐待がありましたが、今、新たに問題となっているのは、どちらかというと裕福な家庭での虐待です。「お受験をするのが当たり前」といった風潮の地域だと、小学校受験に失敗すると、「あなたなんて、私の子じゃない」みたいなことを言う親御さんもいらっしゃるようです。それが、新しい虐待、「教育虐待」と言われています。「うまくいった時しか褒められない」という状態をつくってしまう、それも残念なことに愛着障害の一因となってしまうのです。

木村：愛着障害の子、つまり、「親にギュッと抱きしめられたい子」は、入学してきた時に、すぐにわかります。その子たちをどう巻き戻して、どうやり直すか？　それは教員にとって、大きな課題です。そういう子たちは、学校で幽霊みたいに自分の存在を消していくんです。

高山：幽霊……。本当に、そんな感じになってしまっている子、今、たくさんいますよね。そして、いわゆる「お勉強がすごくできた」という親の中には、実は発達障害の特性がある方も少なくないんです。ご自身が高学歴なので、「自分がうまくいった方法」を正しいと信じて子どもに押しつけてしまっている場合もあります。

木村：親御さん自身も、苦しいでしょうにね。

高山：そういった親に、少しだけ目線を変えて、ミスマッチが起こっていることに気がついてほしいんです。例えば学習障害がある場合などは、特別支援教育の視点を入れて、その子にあった学習スタイルで支援すれば、効果が出ることも多いのですから。

木村：そういった親に、高山先生はどんなふうにお話しされるんですか？

高山：まずは、「マズローの欲求」（↓p.19）の話をします。学習意欲や「やる気スイッチ」は、安心安全や愛情などへの欲求が満たされて初めて出てくる話です。

また、親が子どもの安全基地になれているのかどうかについて、「安心感の輪」（↓p.31）のお話も最近はします。子どもは、戻っていける安全基地があるから、安心して外に出ていくことができるのです。「マズローの欲求」や「安全基地」といったベースなくして、その子らしさは発揮できませんものね。

木村：その子自身を見ることができない親、案外、多いかもしれませんね。「子どもが、どう育つか？」ではなく、「自分の、親としての評価がどうか？」という周りの目のほうが、まず気になってしまう……。

高山：それって、親が子どもと「一体化」してしまっているからですよね？　学校の先生の場合にもあります。

木村：一体化。ああ、すごくよくわかります。そういう子どもたち、たくさん見てきましたから。そういう子たちって、かえって親と手を繋ぐんです。私は子どもの心までわかりませんが、あの子たちは、親と手を繋ぎたくて繋いでいるのではない気がします。家から一歩外へ出たらずっと手を繋いでいるのに、自宅に戻れば、救急車を呼ぶほどの大喧嘩をしたりするんです。そんな子ども、すごく増えていますよね。

高山：愛着障害の子どもが発達障害と診断されて、本当に必要なケアが、子どもだけでなく、親にもされていないという現状が大きな問題です。

木村：それって、効きめのない薬を飲んで胃を荒らして、食欲もなくなってしまうみたいな感じですよね。大問題です。なるほど、愛着障害が原因で問題行動が出ている子に対して、発達障害の薬を使っても効果は出ないのですね。

「見立て」の後のサポートが大切

高山：「見立て」と「対応」は、セットですよね。見立てと対応が正確だと、子どもは落ち着きます。まずは、「愛着障害」か「発達障害」かを識別してほしいと考えています。もっとも、愛着障害と発達障害が複合であるケースも、実はとても多いのですが。

未診断の発達障害があったり、「発達障害の傾向」があったりすると、育てづらかったり、枠からはみ出てしまったりする局面も増えるでしょう？　親心として、どうしても「普通」を求めてしまって、本来のその子自身を見つめることなしに、あるべき「枠」を過度に押しつけてしまう。ビシビシとした愛の鞭、いわゆるスパルタ教育をして、それが愛着障害に繋がってしまうことも多いのです。

木村：教育現場には、「この子は発達障害です」という診断名ばかりが入ってきます。

高山：でも、その診断は正しくないかもしれません。基本的に、発達障害は病気ではなく、環境によってびっくりするくらい、特性による問題行動が減ることがあります。「診断名」がついて、そこが「終わり」ではなく、診断を受けた後、どうサポートするかのほうがずっと重要です。私は、正確な診断があると、それに関する特性と支援法の情報が入ってくるので、ストレスが減ると思います。

子どもの言動に対して、「なんで、そうなの？」と思ったとしても、「これが、この子の発達特性なんだ」という知識があれば、納得もしやすいでしょう。さらに具体的な支援法を学ぶことで、ただ頑張らせるということが減り、ストレスは減ると思います。

そのためには、情報インフラを整え、サポートの方法をきちんと広めていかなければなりません。現時点では、「愛着障害の場合のサポート」「発達障害の場合のサポート」という具体的な研修がまだ少ないと思います。先生でも、通常の学級担任だと、まだ「愛着障害」という名称自体、ご存じではない方もいらっしゃるかもしれませんね。

木村：いや、本当にそうですよ。

高山：特別支援教育の現場では、以前から「愛着障害」について認識は広まってはいるはずなのですが、情緒障害学級の子の中には、未診断の愛着障害の子がいると思われます。実は、医学的には情緒障害という障害名はなくて、日本の教育界での分類なんです。このグループに、愛着障害や発達障害の未診断による、不適切な対応の課題があるのだと考えています。

木村：そうなんですか。

高山：愛着障害に関して言えば、今までは、知識がなくてもご自分のセンスだけでいい対応をされていた先生方もたくさんいると思います。ギュッと抱きしめるとか、一対一の愛情をしっかりかけてあげるとか。そうすれば、その子たちは落ち着いてきますから。けれども、「発達障害」という概念が広まったことにより、不適応を起こしている症状だけを見て、「あの子は、発達障害だから仕方ない」と認識されるだけになってしまうことも増えています。

木村：確かに「発達障害」という言葉がまだ世の中になかった頃は、ワサワサと落ち着かない子も教員が直感を頼りに指導していました。

高山：そうなんです！　そういった丁寧な対応をしてくださる先生方は、今でもたくさんいらっしゃいます。けれども、そういった先生方が、「ＡＤＨＤと診断された子は、抱っこをしてあげれば落ち着きます」と一般化して発表をされてしまうと、それはそれで違うこともあるんです。ＡＤＨＤという診断名がついている子に対して、「抱っこをしてあげることで落ち着いた」というのは一つの事実です。身体の多動は、思春期くらいまでに治ることが多いんですが、ＡＤＨＤとしての不注意などは完治することはないと言われています。だから、その場合は、ＡＤＨＤではなく、スキンシップを必要としている愛着障害かもしれないのです。でも、現状の特別支援教育が、発達障害の診断名だけを拠りどころにして支援をしているだけでは、このような勘違いはなかなか改善されないのではないかと思うのです。

木村：つまり？

高山：大切なことは、「発達障害」の他に「愛着障害」がないか、そもそも、その子が本当に発達障害なのかを識別する知識、いわば「情報のインフラ」を、日本の教育現場で整えていくことだと思います。

木村：そこの部分の情報インフラの整備、本当に大切ですね。

高山：私は中学校や高校の先生方を支援することもあるのですが、愛着障害の問題は、中学校や高校になって顕著になることも多いですからね。

木村：不登校や、引きこもりといったことですか？

高山：それが原因ということもあります。摂食障害、援助交際、望まない出産、自殺願望など、「自分を大切にできない感じ」がある子。そういう子どもの根っこには、愛着障害があることも多いと言われています。

ある地域では「子どもたちに問題行動が出ている原因は、発達障害じゃないよね？ 愛着障害という切り口で、一度みなさんに話をしたほうがいいかもしれない」ということで講演会を設定したんです。そうしたら、多数の申し込みがありました。今、教育現場を中心に、「発達障害」というだけでは対応しきれない「何か」を感じていらっしゃる方が潜在的に増えていると感じています。

木村：長らく発達障害の専門家として、特別支援教育の分野を切り開いていらっしゃった高山先生が、今、着目されている問題が、「愛着障害」とは……。とても根深い話です。

子どもからのSOSに気づく

高山：発達障害に関して言えば、脳科学の知識が役立つこともあります。

木村：脳科学？

高山：例えば、ASD（自閉症スペクトラム）で、人より物が好きなようなタイプの子は、人間の動きを処理する時、物と同じ部分の脳で処理することが医学的にわかっています。つまり、その子にとっては、車のクレーンが右を向くのと、人が右を向くのが同じ意味でしかないんです。当然、身振りや表情といった非言語でのコミュニケーションは、理解できません。日本の社会では、非言語のコミュニケーションの中で苦手な分野が一つでもあれば、ASDの診断基準を満たさなくても不適合を起こしてしまうケースが多いのです。

木村：空気を読むことが求められますものね。

高山：そうですね。でも、それって、「脳の違い」という意味では、脳の器質的な問題なんです。そういうことが医学的に判明してきているのだから、特別支援教育をする上で、脳科学の知識をもつことも必要だと思います。そのほうが、親も先生も楽になれるかと。

木村：子どもを育てる上で、医学的な裏打ちは、本当に必要ですよね。私は、5歳児健診での発達障害診断に、ずっと疑問を感じているんです。5歳児にとって、検査をする人は「今日、突然、初めて会った見知らぬ大人」です。私だって、初対面の相手に自分のことを上手に伝えるのは難しいと思います。そんな1時間程度の問診だけで、「発達にバラつきがあるから、この子には特別支援教育が必要です」と、分けられてしまう。これって、おかしいですよね。

高山：多くの場合、発達障害の診断をするための課題を、「気持ちが不安定でできない」のか、「脳の器質的な問題でできない」のか、その両方なのか、それを短時間で判断するのは難しいですね。ただ、見る人が見ると、3歳でもASDの特徴を見つけることは、可能ではあるんです。

　私は、早期から適切な支援をすることで安心感が生まれると、あとで非常に大きな差が出ることを、さまざまなケースを見る中で実感しています。そういった子どもたちは、成長の過程で、必ず何らかのサイン（何かをすごく嫌がる、不器用さがあるなど）を出してきますから。それにできるだけ早く気づいてあげることが必要だと思います。
木村：大人が子どもからのＳＯＳを見逃さないことは大切ですね。
高山：そうなんです。でも、親は、自分の子どもしか育てたことがありませんから、「子どもというのは、こんなものなのかな？」と見逃してしまうことや、そのうちよくなると信じて、対応が後手に回ることもあります。ですから、保健師さん、保育園・幼稚園や学校の先生にも、いろいろなサインを見逃さないようにお願いしたいですね。実際、今までは3歳児健診に「発達障害」のサインの項目はありませんでしたが、今は入れている市町村が多いと思います。
木村：なるほど。
高山：大切なことは、発達障害かどうかという「診断」よりも、その子にあった課題と対応を早めに知ることだと思います。そこからが、大人の腕の見せどころ。親や学校の先生など、子どもに関わるすべての大人に、これは強く伝えていきたい部分です。
木村：本当ですね。
高山：あとは学校内での専門家の棲み分けですね。例えばアメリカの場合、愛着の問題に関してはスクールソーシャルワーカーが担当します。学級担任は、その部分を専門家に任せられるので、他のことにも力をかけられます。

そこが、すごく重要なんです。愛着障害は多分に家庭問題と関係があるので、本来、ソーシャルワーカーの専門性が求められる支援分野なのです。通常の学校の先生にすれば、「習っていない分野」を、自分で考えながら手探りで取り組まなければなりません。木村先生のようにセンスのいい先生は、「何が大切かすぐ気づいて実践！」という感じだと思いますが、スーパーティーチャーだけができるというより、システムが整って、みんなができるといいなと思います。

そもそも「障害」というものをどう捉えるか？

障害を捉える「新しい考え方」

木村：今までのお話を整理すると、発達障害が疑われる子は、大きく分けると3パターンがある。「発達障害がある子」「愛着障害がある子」、そして三つ目は、「愛着障害と発達障害の複合」ということですよね？

高山：そうですね。木村先生がすでになさっていることばかりです。キーワードは、「一対一」です。愛着障害の子は、一対一の対人での愛情を必要としています。それが親から得られない場合でも、早いうちにいい安全基地に出会えれば大丈夫です。後付けで脳の機能が悪くなっている状態なだけですから。

ＡＤＨＤの場合は、実行機能障害といって、前頭葉にある「物事を最後まで実行する機能」が適切に動かないのです。ここを動かすのにはドーパミンなどの物質が必要で、それが足りないので、何かをしている最中に気がそれてしまったりするのです。現在よく処方されている薬は、そのドーパミンなどを増やす薬です。

木村：発達障害の子は、脳の構造が違うということですか？

高山：「脳の神経心理学的問題」というのは確かに一つありますね。

木村：「脳の仕組みが違う」イコール「身体の器質的な障害」ですよね？

高山：そうですね。ただ、私は障害についてはＷＨＯ（世界保健機関）の新しい考え方を使うといいと思います。

木村：新しい考え方？

高山：新しいといっても、２００1年5月にＷＨＯが発表した「ＩＣＦ（国際生活機能分類）モデル」という障害の捉え方です。日本の場合、障害を「心身の機能不全」という側面だけで捉えがちですが、それは世界的には旧モデルの障害の捉え方なんです。

木村：そこを、もう少し詳しく教えていただけますか？

高山：今まで、障害は、心身の機能不全があるから「活動や参加」ができなくなるという一方通行の考え方でした。ＩＣＦモデルでは、環境を変えれば、「活動や参加」の制限は少なくなると考えています。例えば、足に機能障害があって歩行が困難だと、外出が自由にできなかったり、通常の学校に行けなかったりすることも多いですよね。一方通行のモデルでは、足の機能障害があるのだから、それは当たり前と考えられてきました。

でも、実際はどうでしょう。車椅子があり、スロープも整備されていれば、外出も可能ですし、通常の学校に通うことも当たり前になります。車椅子を使う、スロープを整備するという「環境因子」を変えるだけで、活動と参加のレベルが変わるというのがＩＣＦモデルの考え方です。

こんなふうに障害のある子に対しても、環境を整えることによりインクルーシブな教育を行えるようにすることが、教育的な合理的配慮ということです。アメリカの場合、合理的配慮で、すべての学校にスロープがあり、スクールバスが車椅子対応になっています。特別支援学校はないので、肢体不自由のお子さんも通常の学校に通っています。学校だけでなく、お店や会社にもスロープがあり、公共のバスもすべてが車椅子対応になっているので、誰もが自由に活動できる「インクルーシブな社会」です。これからは教員の養成課程で特別支援教育が全員必修になりますし、日本でも学校を含む社会全体で合理的配慮が

常識となっていくのではないでしょうか。

本人が困っているか困っていないかが大切

高山：ＩＣＦモデルで、ＡＤＨＤの傾向がある子の課題となりやすい、「忘れ物が多い子の支援」を考えてみましょう。例えば、書写の毛筆の時間に筆と硯《すずり》を忘れたら、習字はできません。授業への「活動や参加」に制限がかかっている状態ですね。今までは、こういった子への支援は、「忘れ物をしない」という指導に置きがちでした。でも、ＡＤＨＤの傾向がある子に対して、「忘れ物をしないようにする指導」が並大抵でないことは、関わったことがある大人なら誰もが実感していただけると思います。

木村：大空では卒業生の不用品を置いておく部屋があって、忘れ物をしたら、子どもたちが、そこに取りに行っていました。

高山：まさに、それなんです。木村先生は合理的配慮というより、「思いやり」という感覚で自然になさっているんですね。忘れ物をしても学べる環境が学校にある！　例えばアメリカの学校では、ＡＤＨＤの傾向のある子に対して、「教材のスペアを用意しておく」

ということは、合理的配慮として定着しています。

ご家庭でも、教材を複数用意するといった、「忘れ物をしても大丈夫な環境を整える」という視点を、支援の選択肢に入れてみるといいと思います。

木村：とてもいいですね。

高山：難しく考える必要はないんです。状況に閉塞感を感じたら、「どう環境を整えると、この子は過ごしやすくなるかな？」と、少し俯瞰した視点をもてればいいんです。

例えば、ある保護者の方は、「発達障害の診断を受けた息子が、いつも学校にお弁当箱を忘れてくるのがストレスでした。高山先生のお話を聞いて、お弁当箱の代わりにプラスチック製の密閉容器を何組も用意し、お弁当箱を学校に忘れてきてもいいやと思うようにしたら、叱らずにすみ、家庭が平和になりました」と言っていました。

学校や家庭は、子どもにとって社会そのものです。大人が環境を整えることで、楽になる子どももいると思います。

木村：なるほど。「環境を整える」というのは、確かにキーワードですね。

高山：環境が整うことで、特性のある子の「活動や参加」に制限がなくなれば、脳に器質的な違いがあっても、ＡＤＨＤという診断にはなりません。なぜなら、ＡＤＨＤの診断基準には、「日常生活の２か所以上の場所、例えば家庭と学校で困っているか？」という項目があり、それを満たさないことになりますからね。

木村：確かに、本人が「日常生活に困っているか、困っていないか」。それって、大きな境目です。

高山：ＬＤ（学習障害）もＡＳＤ（自閉症スペクトラム）も同じです。苦手なことがあっても、「日常生活で、困っているか、困っていないか」。ここが、すごく重要なんです。今、世界では、障害をＷＨＯの新しい考え方を使って捉えていく時代になっています。このことは、みなさんにぜひ知っていただきたいことです。

障害や課題を抱えている子が生活しやすい学校や家庭は、普通の子にとっても生活しやすい場所です。いわば、スロープがあれば車椅子以外の人も助かるという「ユニバーサル・デザイン」なんです。ＷＨＯのＩＣＦモデルを活用して、みんなでユニバーサル・デザインの家庭や学校、ひいては社会をつくっていきたいですね。

木村：本当にそうですね。

いじめを生まない「空気」をつくる

一人ひとりの違いを認め合う

高山：ユニバーサル・デザインを考える時には、そもそもの大前提として、「一人ひとりみんな違う」という認識が必要ですが、日本では難しいですね。

木村：それって、当たり前のことじゃないですか？

高山：当たり前のことが、日本では、まだまだだと思います。例えば、英語では、「違い」は「different」、「間違えている」は「wrong」と、言葉を明確に使い分けています。

一方で、日本語の「違う」には、「違い」「間違えている」という両方の意味があります。これって、日本の「『違う』ということは、『悪いことなんだ』」という雰囲気にも繋がっていく話だと私は感じているんです。

いじめだって「違う」ことから発生することも多いでしょう？　多様性とは、「違いがあること」です。木村先生は、「違い」をどんなふうに捉えていらっしゃいますか？

木村：学校の中には、いろんな子どもたちがいて、いろんな意見がある。違いがあるのは、当たり前ですよね。その感覚が、もし一般的でないのなら、大人がやるべきことは、子どもたちの違いを繋いでいくことです。大人は、「通訳」になればいいんです。実は、私は、「いじめ」や「仲間外れ」は、すべて大人が発生させていると思ってもいるんです。

高山：同感です。私は、「いじめを防止する授業」というグループワークをしたことがあります。大学の教職課程で教えていた時のことです。その中で、「いじめというのは、多くの場合、先生のひと言から始まっている」と大学生自身が気づいたんです。これから先生になる人たちへの授業だったので、「気をつけないといけない」と身をもって感じたようで、みんなの大きな学びになりました。

大人が「ジャッジ」をしない

木村：なぜ、大人がいじめを発生させてしまうのか？　それは、大人が「通訳」ではなく、「ジャッジ」をしてしまうからです。例えば、子ども同士の小競り合いは、子どもがいる場には当たり前によくあることです。友達を叩いた子がいたら、そこに大人が入ってよくやってしまうことは、ジャッジです。「叩いたのは、どっち？　叩いたほうの子が、謝りなさい。暴力はいけません」とジャッジする。暴力がダメなのはその通りだし、叩いたのも自分だったら、「しゃあない。謝れって言われているから謝らな」と子どもは感じ、反論はできません。「ごめん」と、一応、口では言います。謝ってもらった子は、たとえ自分が納得していなかったとしても、「『ごめん』って言われたら、『いいよ』と言わないと」と思わされていますから、「いいよ」と言います。

高山：家庭でもよくあるシーンかもしれませんね。

木村：「ごめん」「いいよ」。今のやりとりは、大人がその場を収束するためにジャッジしただけのやりとりです。大人は、「やれやれ、問題は解決した」と思い、「叩いた子は謝りました」と親に報告します。でも、実は子ども同士は、ちっとも納得していないんです。この大人の関わり方が、いじめを深めるのです。叩いた子は、みんなの前で無理やり謝らされて、プライドはズタズタです。大人がいない時を見計らって、「お前、チクったやろ。次、チクってみい、絶対許さないからな」と言いますから、立場の弱い子は、次は絶対に大人には言わず、いじめが見えなくなってしまうんです。そして、次に大人がいじめに気がつく場面は、ものすごく大ごとになった時なのです。

「そのきっかけをつくったのは誰なの？」と考えてみると、最初の喧嘩でジャッジをした大人です。そこが全然わかっていない。だから、子どもの揉め事に、大人が必要以上に関わるのは、あまりよいことではないのです。もし、大人の出番があるとしたら、コーディネーターに徹するんです。子ども同士の言葉を通訳するだけです。

高山：どんなふうにするとよいのでしょう？

木村：コーディネーター役をするのは、とても面白いですよ（笑）。「お前、殺したろか」「死ねー」などということを、子どもは平気で言います。そうしたら「この子に『死ね』と言うってことは、あなたはこの子に死んでほしいのね？」と、通訳するわけです。すると、「誰も、そんなん言うてへん」と、子どもは言います。「今、言うたし。今、死ねって言うたよ」。「ちゃうやんか。こいつがこうしたからやんか」と、そこで初めて子どもの言葉が出てくるんです。

そこで初めて言えるんですよ、自分の言葉を。言われた子も、「それやったら、そういうふうに言うてくれたらええのに。死ねとか言われたら、ほんまに嫌やわ」と、呼応して自分の言葉が出てくる。こんなふうに通訳していったら、いつの間にやら二人は肩を組んで通訳の大人のもとから去っていくんですよ、何もなかったかのようになって。

高山：家庭で、兄弟姉妹の喧嘩の時にも使えそうですね。

木村：お互いに納得するんです。相手のことがわかるじゃないですか。そうしたら、子ども同士は繋がります。ところが大人がするジャッジは「保護者から文句を言われないように」「校長に文句を言われないように」と、早く問題を解決しなければならないという気持ちばかりが先立って、子どもの心を力でねじ伏せる行為でしかないんです。いじめはもちろん、差別も排除も、すべて原因は大人がつくっているんです。

子どもと一緒に親も学んでいく

高山：確かに、映画の中の大空には、差別や排除といった空気がありませんね。そんな空気の中で育った子は、卒業後、どんなふうに成長していっているのでしょうか？

木村：案外、教員になる子が多くて(笑)。

高山：素晴らしいです。素敵な先生に出会った人は教師になりたいと思いますよね。

木村：先日、教育関係の大学教授と同席する機会があったんですね。その教授のゼミに、卒業生がたまたま在籍していたそうです。その卒業生が、教育実習の1日目に大学に戻ってきて、教授に「僕が実習に行った小学校は、ものすごくおかしいことをしている」と言うんだそうです。算数の時間、別の部屋で学んでいる子がいるので、「その子を分けている意味は、何ですか？」と、受け入れ校の担当の先生に聞いたんだそうです。そうしたら、単に「決まっていることだから」と言われた、と言うのです。それで、その子は、大学に戻ってきて、教授に「決まっているからという理由だけで、なぜ子ども同士を分けるのですか？ そこで何が生まれるのですか？」と質問したそうです。その教授は、「よう答えられんかった」と苦笑いしながらおっしゃっていました。

卒業生にとっては、子ども同士を分けるという光景が不思議なんでしょうね。明確な目的があるなら納得するのでしょうが、それがないのなら納得できないのでしょう。小学校では、みんなが当たり前に一緒に学んでいましたから。

高山：そのやり方で、親は心配しませんでしたか？

木村：私が校長をしていた時は、モンスターペアレントはいませんでした。なぜかと言うと、子どもが親を超えるからです（笑）。子どもは親に言えなくても、「昨日、母ちゃん、こんなん言うねんけど、おかしない？」と、必ず職員室に言いに来ていました。

例えば、当時は、授業中、「これわからへん。教えてくれ」などと、子どもが常に教室の中で動き回っていました。

高山：アクティブ・ラーニングですね（笑）。

木村：けれども、親が経験している学校という場は、「先生の授業を黙って席に座って聞くところ」というイメージですから、心配になることもあるのでしょう。大空の開校当時は、親に「あんた、あんな教室で勉強できるの？」と言われている子もいましたよ（笑）。授業中に歩き回る子どもを見て、「あの子、大丈夫なん？　他の学校は、あんな子、別の部屋で勉強してんのに。なんで一緒に勉強しているん？　あんな子おったら、勉強できひんやんか」くらいのこと、親は平気で子どもに言いますからね。

高山：親としては、心配になるのでしょうね。

木村：親は、ご自身の過去の体験をベースに、物事を考えているんですね。ある子どもは、「そんなことないで。あいつ、あれでもええとこあるで」と言ったそうです。

高山：素晴らしい。

木村：子どもはきちんとそんなふうに伝えたのですが、「あんな子いたら、勉強できひんのちゃう」と、親も譲りません。そして、その子に「あの子、障害があるんちゃう？」と言ったそうです。「みんなの学校」では、子どもに「障害」という言葉は一切使いませんから、子どもは、「『障害』って、何？」と、翌日、登校するなり私に聞いてきました。私は、「わからん。『障害』という言葉をあんたに説明できる、そんな力は私にはない」と、答えました。子どもは「じゃあ、なんで母ちゃんは知っているの？」と言うので、「校長先生よりも、よう知ってはるんやろ。今日、家に帰ったら母ちゃんに聞き。そして、明日、先生に教えてな。母ちゃん絶対にわかっていると思うよ」と、家に帰したんです。

次の日の朝。その子は、校長室の扉をガラーッと開けながら、ブーッと怒っているんです。「校長先生が『聞け』言うから、母ちゃんに聞いてん。ほんで、えらい目におうた」と。その子の親は「あんた、なんでそんなこと聞くの？」と、その子に聞いたそうです。それで、「『障害って何？』って、校長先生に聞きにいったら、『わからん。母さん、知ってるだろうから、母さんに聞き』って言われた」と言ったら、母ちゃんに叱られたんだそうです。「いらんこと、学校に言うてぇ。なんで、校長先生にそんなこと言うねん」と。

高山：そのお子さん、何年生だったんですか？

木村：四年生か、五年生ですね。その子は「なんで、母ちゃん、あんな怒るんやろ？　校長先生に言ったことで」と言うから、「それな、大人のプライドや」と伝えると、「しょーもないなー」とか言って。「いやいや、誰でもそういうことあるよ」と私も言ってね（笑）。その後、その親御さんも、やっぱり気になったのでしょう。次の日、サポーターとして学校にいらしたんです。私に「こんにちは」と何事もないかのように笑顔で挨拶をされました。そこで、私は横を通り過ぎながら、「聞いたでぇ」と言ったんです。

高山：怖いですね（笑）。

木村：ウフフ。そうしたら、「もう、いやらしいな。うちの子何でもしゃべって」って。「いや、いや。聞いたで」「ほんとに、いやらしいねん」というやりとりをした後、親御さんは、こう言ったんです。「あれから、子どもと、もう少ししゃべった。ほんならね、うちの子は、『あいつは、こんなええとこあるのに、なんで邪魔にしたんねん。その意味がわからん。大人はずるい』と言いやった。だから、私は今日、自分の目で、その子のことを見るために学校に来た」と。

それで、私は言いました。「あんた、見ているだけやったらあかん。教室の中に入って、子どもと一緒に学び。でないと、ほんまのところはわからんで」と。「学校は見せ物ちゃう。中に入って、一番困っているのは誰やって、困っている子と一緒に学ぶねん、あんた自身が」と。そうしたら、「帰ろうと思ったけど」と、その親は再び教室に入っていきました。そんなことが、私が学校現場にいた時は日常茶飯事にあったんです。大人だからといって、みんながみんな最初からちゃんとわかっているわけじゃないんです。

高山：草の根教育は、親より子どもを先にするということかもしれませんね。

教師は「透明人間」に徹する

木村：そうですね。ところで、子どもに接する時、私たちは気をつけていたことがありました。いや、「気をつけていた」というより、「そうでありたい」という憧れの存在がいたのです。どんな存在だと思われますか？
高山：木村先生たちが、憧れていた存在？　それは、誰なのでしょう？

木村：私が憧れていたのは、「透明人間」です。

高山：透明人間？

木村：例えば、教員が知的障害のあるMくんの側にいるとする。そうすると、子どもたちは、「教員が自分たちとMくんの関係を分断している」ということを、自分の言葉でたくさん語ってくれました。

高山：どんなふうに？

木村：「あの先生がおると、Mくんは俺らより先生がやってくれるほうが楽やから、先生の後ろに付いていくで。そんなん、Mくんの力、つけへんやん」とか「先生が俺らに『いいよ。Mくんのことは私がやるから、みんなは自分のことやり』って言う。でもな、先生が一生Mくんと一緒にいてやれるのか？　ちゃう、やろ？　先生は、学校にいる1、2時間だけ一緒なだけやろ。Mくんとずっと一緒におるんは、俺らやんか」などということを言うんです。

高山：子どもたちがそんなことを……。素晴らしいですね。

木村：このMくんは重度の知的障害がある子で、言葉は獲得していません。けれどもMくんは、自分が困った時、人とどのように関わればいいかは、わかっているんです。

高山：どんなふうに？

木村：私なんて子どもから、「先生、Mくん困ってるで。ここにおるんやったら、Mくんのところに行ったり」なんて言われていました。「なんでMくんが困っていることわかるん？」と聞くと、「見てみ。Mくん、口の周りに唾ためてるやろ。あれは困っている時や」と子どもが言うんですね。「なんでなん？　なんでそんなんわかる？」と聞いたら、「あの唾な、友達にこうやってつけるんや。唾つけられたら嫌やから、『やめて、Mちゃん』って、顔を見るやろ。そしたら、目と目が合うから、『Mちゃん、困っているのか？』って俺ら気がつけるんや。ほんで、『どないしたん？』って聞くんや。そしたら、Mちゃん、『あー』って言う」と。

高山：すごいですね。

木村：それは、Mくんが、いつも周りの子どもたちと一緒に過ごしているからです。ここで、大人がいかに透明人間でいられるかなんです。例えば、大人が「Mくんが、ボタン留められずに困っている」と気づいた時に、「なぁなぁ、今、Mくんが困っていると思うけれど、どう思う？」と子どもに聞く。そうしたら、「あ！　俺、忘れてた」と、子どもが気がつく。でも、ここで、「Mくん、一人で困ってるよ、Mくんを助けてあげて」などと大人が言ってしまうと、「単なるお世話係」がどんどん増えるだけなんです。

高山：あぁ……。

木村：透明人間の仕事ができるのか？　それとも単にお世話係を増やすのか？　教員が指導してしまったら、子ども同士の関係性は育ちません。子ども同士の、当たり前の関係性を純粋培養するだけでいいんです。教員は、子どもたちの関係性を分断しない。透明人間に徹して、子どもたちの関係性を繋ぎ、総合的な学びをどのようにつくっていくかということが大切なんです。

高山：深い話ですね。

木村：そんなに難しいことじゃないんですよ（笑）。透明人間になりたいと思ったら、主語を「子ども」に変えたらいいんです。「先生が何をするのか」ではなく、「子どもが何をするのか」という話にすればいいだけです。

高山：今のお話、木村先生が「教えるということを、どう捉えていらっしゃるのか？」という根幹の話だと感じました。前述しましたが、英語の場合、エデュケーション（education）のエデュケイト（educate）というのは、「引き出す」という意味で、教育とは、その子の本質を引き出すことです。子どもを主語にして、タイミングを逃さず適切な言葉がけをする。これって、まさに今、教育現場で盛んに言われている「アクティブ・ラーニング」です。アクティブ・ラーニングの本当に大切なところは、大人が「いかに透明人間になるのか？」ということと一致していると思うんです。

木村：そうかもしれませんね。課題をもっている子は、当たり前のこととして、何かしらの支援が必要です。その子が、みんなと一緒にいると、毎日、一瞬一瞬、必要なサポートが出てきます。そういう特性をもっている子が必要なサポートは、24時間体制です。

この24時間のサポート体制をつくれるのは誰なのか、という話です。サポート体制をつくれるのは、教員ではなく、その子の周りにいる子どもたちです。その子は、その子の周りの子どもたちと一緒に社会をつくっていくのですから。

高山：私、巡回で幼稚園を回っているんですけれど、いつも言うことがあるんです。「課題をもっている子に対して先生が素晴らしいサポートをする姿を、子どもたちは見ています」と。

木村：子どもは、真似するんですよ。

高山：「先生方は、その子自身のサポートをしているとともに、未来のサポーターの育成も同時にされていらっしゃるんですよ」と、お伝えしています。

木村：本当ですね。課題をもっている子に必要なサポートは、特別ではなく、当たり前のサポートです。その子の周りの子が育つということは、イコール社会が育つということです。周りの子が育っていけば、その子の特性は、みんなの学びの「源」だったのだと気がつきます。特性は素晴らしい個性だということに、ようやく周りが気づくのです。周り、周り、周りの子を、いかに育てていくか？　私たちはそのことしかできませんでした。

高山：ＳＯＳを求める方法を教えても、助けることができる人を育成しないと、ＳＯＳを求められなくなってしまいます。課題のある子のＳＯＳをキャッチして、それを自分との「違い」だと自然に受け入れて、当たり前のこととしてサポートできる子を育てていきたいですね。多様性を大切にする社会をつくっていくための大きなヒントになりますね。

第4章

「みんなの学校」で大人も変わる

教える立場にある人が大切にすべきこと

「目的」と「手段」を間違えない

高山：「教える」ということについて、もう少し深くお話を聞かせていただきたいと思います。木村先生が、教える立場で最も大切にされていたことは何ですか？

木村：私は教員である以前に、一人の大人として、子どもから学び続けることが大切だと考えています。「これで、よいのだろうか？　これで、大丈夫なのだろうか？」と、常に自分に問いかけ、必要に応じて柔軟に変化していく行動が重要だと考えています。

子どもは、大人のことをシビアに観察していますからね(笑)。ある時なんて、「校長先生、今度、新しく来た先生、変やで」と子どもたちが言うんです。「何が変なん？」と聞いたら、「校長先生は、何が変やと思う？」と、子どもに聞かれました。

高山：それって、日々、木村先生がみんなに質問しているからですよね(笑)。だから、子どもも質問を投げ返してくるのですね。子どもが、自分で学んでいるのですね。

木村：そうかもしれませんね（笑）。それで、私が「その先生が、『これが大事や』と決めつけることとか？」と言ったら、「ブー」と言われました。だいたい、そのあたりまでしか大人は発想できません。仕方がないので、さらに「何が変なん？　教えてや」と聞いたら、「あの先生な、駅を出て学校の門に入るまで、地域の人がいっぱいいて、『おはよう』言うてくれるのに、誰にも挨拶せんと門をくぐった」と言うんです。「それで今日はな、門から職員室までつけてきた」と（笑）。「つけた結果どうやった？」と聞いたら、「あの先生、職員室の扉開けて入る時も挨拶なんかせんと、黙って入っててんねん。中にいる先生が『おはようございます』って言っても、黙って職員室から出て着替えに行くんやで。変やろ？」と言うので、私は「せやな。人から挨拶してもうてんのに挨拶せんって変やな」と言ったら、「変なんは、そこやない」と、さらにダメ出しをくらって。

高山：厳しいですね（笑）。

木村：「あの先生は、『挨拶したら、自分にとって、とってもよいことがあります』と俺らに言うねん。ええことやったら、自分もしていると思わんか？　ええことや言うのに、自分、使ってへんねん。変な先生やろ？」と言うんです。

高山：確かに。それにしても、子どもは深いことを言いますね。

木村：これが、普通です。子どもが安心して、自分から自分の言葉で語れる空気さえあれば、子どもは、いろんなことを大人に語ってくれますよ。もっとも大人は、「指導」をしているほうがずっと楽かもしれませんけれどね。「これをやりなさい」「はい、時間がないからやめて、次はこっちをやって」などと子どもを動かしているほうが、「何かをやった気分」にもなれますしね。

大人の立場から考えたら、「四つの力」なんて、まぁ、何と面倒くさいことをやっていたのかとは思います。でも、それが人間にとって当たり前のことですから、やるしかありません。子どもたちが当たり前に育っているから、多様な学びがあるのです。

今の挨拶のエピソード、もちろん、私は放課後の職員室の雑談で、「今日、子どもら、こんなん言うてたで」と教職員にチクりました。そしたら、ある教員が「えっ、それ、僕のことですか？」と。周りのベテラン教員は「他に誰かおる？」と突っ込んで……。

高山：緊迫する場面ですね（笑）。

木村：そうですよね。これまでだったら、「僕のことですか？」と言ったその瞬間、その教員が孤立する空気になります。ところが、違うんです。ある教員は、「心配せんでええで。私らみんな、最初そうやったから。みんながみんな、最初はそうやってん。でもやっぱり、先生っていう看板かけているのに、子どもの前で学んでいる姿を出せない自分が子どもに『学べ』とは言えないし、自分も楽しいって思えへんやろ」と言っていました。

別の教員は、「私ら、全部そこからスタートしてん。いったんは自信を失くして『先生、辞めたい』って、みんながみんな、思ってんで。でも、『楽しむためには、自分を変えるしかない』って気がついて、今があるんや。だから先生、来年になったら、自然と変わってるから、心配せんでええで」と言う。

そんな空気が、当時は学校の中にありました。けれども、教員は、税金からお給料をもらっている公務員です。公務員である以上、自分が変わることの最大の目的は、「自分のため」であってはいけません。

高山：では、最大の目的は何なのでしょうか？

木村：公立の小学校で、学校が優先すべきことの第一番は、「学校に来ている地域のすべての子が安心して学べる、すべての子どもの学習権を保障する」ということです。絶対にブレたらいけないのは、ここだけなんです。ここだけは、譲ったらいけないのです。そのために、大人は学び続けるというだけの話です。

高山：「その先に、何があるのか？」、一度学校や家庭のあり方を考えてみることは、とても重要ですね。自分も含めて、どうしても真の「目的」を忘れて行動しがちです。「これをやらなければならない」といった、ＴＯ《トゥー》 ＤＯ《ドゥー》に気をとられてしまいます。私は、みんなが幸せになれたらよいと思うのですが、幸せの定義が人によって違っていて、目標が合わなくなるんですね。「何のために」「何をしたらいいのか」、今一度みんなで考えることができるとよいですね。それから、失敗をしても大丈夫、一人で頑張らなくてもいいと、みんなに伝えたいです。

木村：本当にそうです。何が「目的」で、そのための「手段」は何なのか？　そこをきちんと見つめ、考え続ける姿勢が、とてもとても大切なことなんです。そういう意味から言うと、大人に必要な力は、「授業力」や「子ども理解力」ではありません。そんな力は、「しょせん……」です。かえって、大人が「自分は、子どもを理解している」などと天狗になることで、どれだけ「子どもの育つ力」を邪魔してしまうか。大人は、子どもの邪魔さえしなければいいんです。私は、それを公言していました。

高山：すごいですね。まさに子ども中心！（笑）。

大人自身が「学びの達人」になる

木村：極論を言えば、「では、教員は何もしなくていいのか？」ということになります。でも、教員は教えることで、お給料をもらっています。だからお給料分として「教科書のこれをして」とか「宿題を出して」「テストの丸つけして」と、自分が安心するために何かをしたいんです。そこで、「教員は、教えるな！」ということになったら、「自分は、何をしてお給料をもらっているのか？」という「問い」だけが残ります。これは教員に課せられた、大きな、大きな負荷です。

多くの教員は、その問いを考えるのがしんどいから、「教える」という権限をもちたがるし、点数や成績で子どもを縛って、「自分は子どもよりも高い位置にいますよ」と自分を守っているのです。ここで、「教える」という権威や権限を教員が放棄したら、教員に残るのは何だと思われますか？

高山：何でしょう？

木村：それは、「学ぶこと」しかないんです。ですから、「学びの達人になろうぜ！」というのが、「みんなの学校」での私の教育実践のスタートでした。子どもに学ばせたかったら、子どもの一番前にいる大人が学びの達人にならないと、子どもは学べるわけがありません。

大人自身が、「自分が、どう学ぶのか？」を、考える。「四つの力」を子どもにつけたかったら、まず「四つの力」を大人がつけようとしている姿を子どもに見せる。私は、そういう意味では、教員に対しての要求はとても低い校長だったかもしれませんよ（笑）。教材研究や研究授業については、「何のために」という目的がブレないようにとだけ言い続けていました。

高山：教材研究や研究授業は、多大な労力と時間を使いますものね。

木村：本当にそうですよ。ある時、外部の専門家に、研究授業の指導をしていただいたことがありました。ところが、研究授業をすればするほど、教室から子どもが飛び出してきます。「お腹痛いんか？」とか聞くと、「校長先生は、向こうに行っていて」と、子どもが言うんです。「一人でおるほうがいいん？　よっしゃ！」と横でお茶を飲んでいると、休み時間になった途端、子どもは教室に戻っていきました。

その研究授業は、新任のS教員のクラスでした。S教員は、休み時間はいつも子どもと一緒に遊んでいるような、子どものことが大好きな人間です。でも、いざ偉い先生に「よい授業」を教えていただくとなると、S教員にとっては、「この偉い先生に評価してもらえる自分の授業」が、「目的」になります。

高山：常に、「評価」がついてくるんですね。

木村：そうなると、子どもは、「目的のための手段」になってしまいます。ですから、次の日も、教室から子どもがチョロチョロッと出てくるんです。私が「ひょっとして、偉い先生来てるん？」と聞くと、「うん」と。3人くらい子どもが出てきたので、「あんたら、S先生に腹立てているやろ？」と聞くと、「なんで、わかるん？」と言うんです。「顔に書いてある。なんで腹立ててるん？」と聞いたら、「あんな、偉い先生がアルミホイルを丸めろ言うたから丸めたら、S先生がターッと来て、『お前の丸め方、違う。こうやって丸めるんや』って先生が丸め直してんけど、そんなに変わらへんねん」と。

高山：子どもの心が、瑞々しく動いていますよね。そういう心がよく育っているなぁと感じます。先生のお話を聞いていると、いつも、そこの部分に感心してしまいます。

木村：それは、いくらでも教室から出ていける学校だったからです。

高山：それがいいんですね。

木村：「授業中は、教室で静かに座って先生の話を聞きなさい」となったら、一部の「空気を読める子」しか学校に行けないでしょう？　だから、今、たくさんの子が不登校になっているのです。「不登校」の子どもは、悪くないんです。「不登校」になっている子の教室の空気が悪いのだと、思っています。

高山：なるほど。

一人ひとりが自分で考え行動する

木村：当時は、学校に行かれなくなった子が、たくさん転校してきていました。ある時、そんな子の一人に、「あんた、前の学校には行かれんかったのに、なんで、今は学校に来られるの？」と聞いてみたら、「だってな、ここは牢屋じゃないやん」と言っていました。「前の学校、牢屋やったん？」と聞いたら、「そやで」と。「なんで、牢屋のこと知ってるん？」と聞くと、「行ったことないけど、テレビで見てたら、そうやろ」と言うんです。自分をもっていればもっている子ほど、自分を出せば出す子ほど、周りから袋叩きにあって、「ここは、お前の来るところじゃない」と感じてしまう。

彼らは「頭カチ割って、脳みそ取り換えてから来い」などと周りから言われたりしているんです。そういう子は、発達障害というレッテルを貼られている子たちなんですが、彼らがどれほど素晴らしい才能をもった子か！　みなさん、本当にわかっていないんです。彼らは、「周りが考えないことを考えられる子」です。言ってみれば、飛びぬけた才能の持ち主ですよ。今の教育現場では、飛びぬけた才能が潰されているのです。

高山：飛びぬけた才能は、今の日本の公立小学校では、育ちにくいかもしれませんね。東京大学の先端科学技術研究センターでは、そういった才能を発掘して継続的なサポートをするプロジェクト※を行っています。特別支援教育というと、「発達障害のある子どもたちへの教育」といったイメージが先行していますが、天才的な能力を発揮する子どもたちの能力を引き出す教育も特別支援教育なんですよね。

※異才発掘プロジェクト“ROCKET”：ユニークな子どもたちが彼ららしさを発揮できる空間を彼らとともに創造するプロジェクト
https://www.nippon-foundation.or.jp/what/projects/rocket/

木村：地域の公立小学校で、飛びぬけた才能をもっている子が学べないというのはおかしな話です。先の牢屋だと言っていた子に、「ここは、何が違う？」と聞いてみたんです。そしたら、「空気が違う」と言っていました。

高山：「空気」を変えるって、本当に難しいんです。「空気」って、いわば価値観ですから。

木村：価値観。本当にそうですね。私は、あえて「空気」という言葉を使っていましたが。今の学校現場は、矛盾をたくさん抱えている場所です。「四つの力」を育てようと思ったら、「やってはいけないこと」がたくさんありますが、その「やってはいけないこと」が、今の学校現場では、「当たり前のこと」とされています。

高山：例えば、どんなことですか？

木村：まず、校則やマニュアルがあったら、子どもは育ちません。「学習に必要でないものを学校に持ってきてはいけない」なんて校則があったら、学校に来ることができない子が何人も出てきます。すごく不安な朝を迎えて、お母さん代わりのマスコットを持って学校に行きたいという子もいますよ。「この子には、今日はマスコットが必要なんよ」と言っても、それを「校則違反だ」と言う人もいますよね？　そういう人は、「子どもが校則を守っている」ということで安心してしまうんです。「校則を守っている」ということを拠りどころにして思考停止をして、物事を自分で考えようとしていないんです。校則やマニュアルがあると、人は物事を考えなくなってしまいます。

ですから、大空をスタートさせる時、校則はつくりませんでした。「決まり事に従う」というのではなく、「自分が、目の前で起きてくる事象をどのように捉えて、どんなふうに考え、どう行動するか？」ということを、大切にしたかったんです。

高山：本当にそれが大事ですよ。

木村：そのためには、まず、大人一人ひとりが「自分で考えてみる」ということが必要です。教員の場合だったら、「校長が、こう言うから」「主任が、こう言うから」ということではなく、親の場合だったら、「自分は、こう育ったから」「夫が、言うから」「ママ友が、こうだから」ではないんです。そういうことではなく、「自分がこの子だったら、どうしてほしい？」「自分は、今、目の前の子どもにどう関わればいい？」「今、自分がやっていることは、この子にとって、どうなんだろう？」。こんなふうに、大人一人ひとりが、常に自分に問い続けて、考え始めてみることが最初の一歩なんですよ。

失敗からやり直す力をつける

高山：大空には校則がないということでしたが、唯一みんなが守るべきこととして「たった一つの約束」がありましたね。この「たった一つの約束」について、木村先生は、子どもに、どんなふうに伝えていたのですか？

木村：私は、子どもたちにこんなふうに話をしていました。「この学校では、校則やマニュアルは一切つくっていません。でも、学校で学び合うすべての人が対等に安心して学ぶために、子どもも大人もすべての人が守る『たった一つの約束』があります。それは、『自分がされて嫌なことは人にしない、言わない』という約束です」と。子どもも大人も、この約束を徹底して守るようにしました。この約束が守れなかった時は、「やり直しの部屋」（校長室）に「やり直し」に来ていました。

高山：今のお話は、いつ伝えていたのですか？ 入学式の時ですか？

木村：入学式の時はもちろんですが、いつも、いつも、日常の中で「たった一つの約束」の話はしていました。すべての教室に「たった一つの約束」を書いた紙を貼っていましたし、教室以外にも、それこそ学校のいたるところに貼ってありました。

高山：「たった一つの約束」は、学校の最も基本となる価値観なのですね。

木村：そうです。ですから、トラブルが起きたり、友達をいじめたり、友達を殴ったりした時は、必ず、「たった一つの約束」に立ち戻ります。

高山：立ち戻るとは、どういうことですか？

木村：「たった一つの約束」を破った時に待っているのは、罰でも、お説教でもないんです。自分のために、やり直す。これしかないんですよ。「たった一つの約束」を破れば破るほど、やり直しの力を磨くチャンスが訪れます。ですから、友達を叩いてしまったとしても、うそをつく必要はないのです。罰はないですからね。

高山：「たった一つの約束」を破れば破るほど、やり直しの力を磨くチャンスが訪れる。すごい言葉ですね。最初に基本となることを教えて、「あとは、あなたの選択ですよ」ということなんですね。

木村：すべてがそうです。

高山：たとえ失敗したとしても、それは、「やり直しの力をつける過程」でしかないんですね。そこで、終わらないのが素晴らしいです。

木村：「みんなの学校」では、「反省」という2文字を使ったことがありません。反省からは、何も生まれませんから。一方で、「やり直し」は、文字通りもう一回やり直すことで、失敗を次の行動の糧にすることができます。やり直しとは、失敗した子どもが、失敗を成功体験に転換するための行為です。決まったやり方があるわけではなく、何をやるべきかは一人ひとりが考え、行動します。そして、「四つの力」全部を使ってやり直すんです。

高山：「四つの力」を全部使う？

木村：はい。やり直しをする時は、「四つの力」をフルに使います。「たった一つの約束」を守るためにどうしたらよいかと考えるためには「人を思いやる力」が必要になってきますし、自分で考えるので「自分の考えをもつ力」も必要になります。そして、やり直しの方法が決まって、それをみんなにわかるように伝えるためには「自分を表現する力」を使うんですね。当時は、やり直しをする前に「やり直しの部屋」である校長室で、自分が考えたやり直しの方法を伝えることになっていましたが、ここでも「表現する力」が必要でした。そして、教室に戻ったら、「チャレンジする力」を使って、自分で考えたやり直しを実行していくんです。やり直しを実行に移すには勇気がいります。そこにトライするには、「チャレンジする力」が不可欠なんですよ。

高山：なるほど。だから、やり直しには「四つの力」が必要なんですね。

木村：「やり直し」の方法は、誰かが教えてくれるわけではありません。子ども自身が、大人や周りの子が失敗してやり直す姿を見て、自分で学んでいくのです。自分がやったことに対して、未来の自分のためにやり直しをする。

こぼした牛乳を拭いてきれいに掃除するのも「やり直し」だし、暴力を振るった相手に謝って、二度と暴力を振るわないよう頑張っていくことも「やり直し」です。やり直しは、殴った相手のためではなく、自分のためにするものです。やり直す力がつけば、殴った子は、以前より優しくなれます。そうすれば殴られた子は安心して、殴った子と一緒に学べるのです。大人は、それをただじっと見守るだけです。

高山：「やり直し」は、まさに「生きる力をつける教育」ですね。そして、「たった一つの約束」というのは、一つの明確なルールでもあるんですね。

木村：ルール？　う〜ん。ルールという言葉は、今、世の中に氾濫していますが、その語感に、私は「守れなかったらダメだ」というニュアンスを感じてしまうんです。

高山：罰ゲームがあります、みたいなね。

木村：ルールとなると、「アウトはアウト」「セーフはセーフ」ですよね？　「アウト」と「セーフ」は、やっぱり違うものです。だから、子どもたちに説明する時に、ルールという言葉を使うと、「絶対に正解があるもの」みたいなニュアンスが出てしまうんです。でも、そうではなくて、すべての人たちが安心して、人と一緒に生きていくための「お約束」なんです。

高山：なるほど、だから「約束」なんですね。そう考えると、「約束」という言葉、すごくいいですね。「約束」という言葉には、ベースに「安心」「安全」というニュアンスがちゃんと入っているところがすごいです。

木村：大人は無理して「よい大人」にならなくても大丈夫なんです。この「たった一つの約束」を自分事として大人自身が守ろうとしていたら、子どももみんな守ります。大人が約束を破ったら、相手のためではなくて、自分のためにやり直しをします。

子どもが、やり直しをする時は、やり直しが終わるまで大人が横にそっと付き添えばいいんです。付き添ってもらう大人のことは、子ども自身が自分で「一番安心する大人」を選んでいました。教員や地域の人、親のことを「サポーター」と呼んでいましたが、もちろん、サポーターでもよかったんです。

高山：子ども自身が、付き添ってもらう大人を選べるというのが素晴らしいですね。

木村：これって、高山先生がおっしゃる「安全基地」（↓p.31）ですよね？「その子にとっての安全基地は、誰か？」ということです。「この子が自分の失敗を正直に言える相手は誰だろう？」、私はいつもそんなことばかりをみんなと一緒に考えていたんです。

大人が一人で子どもを育てない

高山：子どもをどうサポートするのかという以前に、親自身がサポートを必要としている場合もあります。例えば、親が虐待を受けて育ったケースなどもありましたか？

木村：たくさんありました。そういう親の子どもを、教員は担任したがりません。現実問題として、トラブルを抱えがちですからね。ですから、そういう家庭は、親も子どもも、学校から排除されてしまうのです。これは全国どこででも、同じ現象が起きています。私は対応策の一つとして、学級の担任制度をやめ、担当制にしました。相性ってありますからね。相性のよい教員が担当になればよいんです。

高山：いいアイディアですね。人間同士ですもの、相性は、やっぱりあります。先生は、担任しているすべての子と相性バッチリなどと思うと苦しくなります。その上、家庭のケアまで学級担任の先生一人に背負わすとなると、先生の負担感は大変です。

木村：そうなんです。ですから、私はこう明言しました。「教員の仕事は、子どもに向き合うことです。親対応は管理職の仕事」と。

高山：本当に素晴らしいですね。

木村：親対応は、管理職手当がついている人がすればよいのです。

高山：普通は、そこが言えませんよね。

木村：そうですか？ ハッキリ言ってました。「親対応なんて、いらんことすな」と。言葉遣いが悪いですね（笑）。

高山：そこをキッパリと校長先生がおっしゃってくださることは、担任の先生にとって、どれほど救いになるか。先生方が一番苦労されているのは親対応ですから。

木村：「そのかわり、ちょっとでも親が連絡帳に気になることを書いてきたり、ちょっとでも子どもが気になることを言ったりしてきたら、どんな些細なことでもいいから、一刻も早く職員室にそのことを報告せよ」と、言い続けました。

高山：親支援について、学校全体で共通認識をもっておくということですね。ところで、親対応される管理職の方は、何人いらっしゃったのですか？

木村：校長と教頭だけです。しかも教頭は事務方の仕事が忙しいので、実質的には校長一人の仕事でした。そうは言っても、私一人で全部に対応できる能力なんてありませんから、校長をしていた時に、人の力を活用する力について大いに学ばせてもらいました。「このケースは、誰が動けばいいのか？」ということを瞬時に判断して、「人の力を活用する力」を最大限に使わなければ、毎日が回りませんでしたからね。

高山：地域の方にお願いすることもあるのですか？

木村：もちろんです。

高山：さまざまな立場の方と連携していかないと、校長先生が潰れてしまいますよね。それに、親支援となると、教育学以外の「地域の知恵」も必要です。

木村：本当にそうなんです。例えば、私が校長をしていた時には、虐待が疑われる子の家の近くを、夜必ず散歩してくれる地域の方がいらっしゃいました。

高山：ありがたいですね。

木村：（子どもが叩かれて）「母ちゃん、許して〜！」という悲鳴が聞こえたら、すぐに警察を呼んでくれていました。その方にとっては、「自分事」だったんです。その子のことが、本当に大事でかわいいから、当たり前のこととして動いてくださるんです。その子は、親から虐待を受けてはいましたが、いろいろな大人からたくさんの種類の愛情をたっぷり受けて育ちました。ですから、今は地域に貢献する人間に育っています。

その子が他の子に怪我をさせてしまったこともありました。女の子の永久歯が折れてしまったんです。でも、その親は、永久歯が折れた女の子のご家庭に対して、「申し訳ありませんでした」という感じではないのです。反対に、「なんやねん、お前」といきりたって、なかなか「ごめんなさい」の世界に入れないのですね。そこで、女の子のご家庭に対して一生涯インプラントを補償することを教育委員会に取りつけました。「その証明書を学校の金庫に入れてあるから、（女の子が）20歳になったら取りにきてな」と伝えてあります。

高山：木村先生が教育委員会と交渉したのですか？

木村：私が校長だったのですから、私がやらなければなりません。

高山：やっぱり校長先生の覚悟ですね。

木村：不慮の事故が起きるのが、学校です。その時も、教育委員会は当初、「前例がないから、補償は出せない」と言いました。ですが、「そんな古くさいこと言っていて、どないすんねん」と交渉しました（笑）。

高山：木村先生は、本当にスーパーですよねぇ……。

木村：こんなことを、スーパーなどと言っていたらダメですよ。こういうことに、きちんと対応する大人がいなかったら、子どもは安心して怪我もできません。私には心強いチームがいましたから。

高山：私は、たくさんの素晴らしい先生に出会ってきましたが、全員に共通点があります。それは、全く「気負い」がないんです。素晴らしい先生ほど、「当たり前のことです。別に特別なことはやっていません」と、口を揃えたようにおっしゃるのです。

木村：本当にそうですよ。これがスーパーなことになってしまっている世の中がおかしいのです。これを普通と言い切れなかったら、みんな普通のことができない。こんなことは、校長だ、教員だ、と言う以前に、人として当たり前のことです。

高山：やっぱり、「人として」という、そこの部分ですね

木村：そうです。子どもは、その家に生まれたくて生まれてきたわけではありません。たまたま自分が生まれた家の親が、そうだっただけなんです。子どもには、幸せになる権利があります。その権利を保障するのが義務教育です。

その子が幸せになるために、私たちはあらゆる手段を見つければいいのです。教員だけでは、無理なんです。その子が死なないために必要なことは何かというと、教員の勤務外の時間もその子を見守ってくれる地域の人たちが必要です。

その子が幸せになるために、当たり前に必要なことをやっているだけです。その子がいることで、いろいろな手法が出てきて、みんなの経験値は上がっていきます。その手法は、その子以外の周りの子に全部広がるのです。だから、その子は、「学びのリーダー」になります。その子がいてくれるから、周りが豊かになるのです。

高山：すごいですよね。ただ、学校にはさまざまな立場の大人が関わっています。先生、親、

地域の方。いろいろな方がいて、いろいろな考え方がある中で、すぐに一致団結というわけにもいかないと思うのですが、そこはどう調整されていたのですか？

木村：地域の人は、一致団結する必要は一切ありません。全員が個々に動けばいいと思っています。その子を中心にして、みんなで学び合っていく。そんなイメージが近いでしょうか？「頼まれたから来た」とか「手伝う」とか、そういう感じではないですね。「手伝う」という言葉を使う時点で、上から目線ですよね？上から目線のことは長続きしません。そういうのは、必要ないのです。すべてwin《ウィン》-win《ウィン》です。

高山：なるほど。でも、みんなの同意は、どんなふうに取るのでしょうか？人事異動で先生方は、毎年少しずつ替わられていくでしょう？

木村：それで新しい風が入ります。私は、子どもを見るだけなんです。子どもを主語にして、周囲の大人に、その子が困っていることを語っているだけなんです。

高山：あぁ、なるほど。子どもをきちんと見るという、一番大切なところを大人は忘れてしまいがちですよね。そもそも、「子どもを見る気がない」とも言えます。子どもに、「わからない」と言われたら、「聞いていないからだ」みたいなことを言ってしまったりして。

子どもを、見つめる。それは、教育の本当の基本、いわば根幹なんですよね。

木村：教育という営みの主語が、「大人」である以上、子どもは幸せになれないし、一人で頑張る大人も潰れてしまいます。学校のことを、「ブラック企業」と言う人もいますが、問題の根本は、「主語が先生」という部分だと私は思っています。先生が苦しい、先生が大変、先生が疲弊している、先生が困っている、先生が疲れている……。

それは、主語を変えたらよいのです。子どもが困っている、子どもが学校に来られない、子どもが友達をいじめている、子どもがいじめられている、子どもが虐待されている、子どもが笑っている、子どもが安心している。

主語を子どもに変えたら、大人のやることは、すべて「手段」です。そうすれば大人が一人で頑張らなくてよいのです。子どもが、困っている。「じゃあ、この子が困らないようにするには、どうしたらいいだろう？」という問いを、みんなで考えると、「私、これするわ」「これだったら、私できる」というふうに、みんなの力が引き出されてチーム力になります。もう、一人の大人がピンで子どもを育てる時代は終わりなんです。

高山：そこの部分、私もすごく大切だと思っています。「自分の学級」「うちの家」ということで、学級や家庭で子どもを囲ってしまうのですね。「問題が起こっていない私は立派な先生、立派な親」と、大人自身が思いたい。困っていることを、大人は隠そうとしてしまうのです。隠してしまうと、そこは「密室」です。密室になると、子どもはもちろん、そこにいる大人も、みんなが追いつめられてしまうというところがありますね。

木村：本当に、そうです。

高山：まずは、誰か一人。誰か一人相談できる人をつくること、これはすごいポイントだと思うのですが、今の世の中、大人にとってそれが「難しいこと」になってしまっています。他の人に相談に行くことが、「親として失格だ」「学級経営ができていない」と思ってしまわれる方も多くて。そうではなく、そこを乗り越えて、誰でもいいから相談する人が一人でもいるんだと思えるって、実はすごい大切なことなんですよね。

木村：私は校長の時に、トップダウンで話をしないように心がけていました。「こうしなさいよ」という話をすると、人は抵抗したくなるものなんです。

高山：そこで「子ども」を主語にするんですね。そこ、すごいポイントですね。

木村：「子どもが安心するためには、どうしたらいいんだろう？」と。「自分が、その子どもだったら？」と、考えてみるんです。そしたら、素直に人に意見が聞けますし、周囲も、その人にアドバイスをしやすくなりますね。

高山：「誰か」で、いいんですよね。みんなに問いかけて、みんなの中から誰かが何かを言う。そうやって出てきた中で、いいなっていうことにちょっとトライしてみる……。

木村：そうです。まずは「ちょっと」でいいんです。難しく考えずに、まずはやってみたらいいんです。放課後になると、職員室で私はよく雑談をしていました。職員会議でなくて、「雑談」です。雑談の中で、「あ、それ、ええな」となったら、「じゃ、それでいこうや！」と、まずはやってみる。直感だけで生きている感じでしたよ（笑）。

子どもを前にした大人のあり方とは

たったひと言が子どもの人生を変えることもある

高山：木村先生、本当にユニークな方ですね（笑）。ところで、木村先生ご自身は、小さい頃、どんな小学生だったのでしょう？

木村：実は私、学校の先生に、あまりいい思い出がないんです。それどころか、大嫌いな先生に小学校時代に言われた言葉が、50年経っても自分の中に残っています。その先生は、「私は、教師になんかなりたくなかった」というのが口癖でした。

高山：どんなことがあったんですか？

木村：私、小学校低学年までは、絵を描くのが好きで、賞状もたくさんいただいていました。賞状をいただければ、「自分は絵が得意なんだ」と思いますよね？　ところが六年生の時にその先生が担任になって、校舎の風景を描くという授業があったんです。私は、運動場の滑り台の踊り場に座って、大好きな校舎を写生していました。授業が終わるチャイムが鳴って、運動場から教室にみんなが戻ったことにも気がつかないくらい集中して一生懸命描いていました。そこに先生がやってきて、私に言いました。私は旧姓を「コスギ」というのですが、「コスギ、あんたは絵が下手だ。どれだけ時間をかけて描いても、それ以上うまくなれへん。だから、早く教室に帰ってきなさい」と。女性の先生でしたが、その時言われた言葉は、すべて覚えています。

その瞬間まで絵が大好きだったはずなのに、その先生の「コスギ、あんたは絵が下手だ」

という言葉がその後教員になってからも、ずっと私の中に残ったままになりました。例えば国語の授業で黒板に絵を描く時などは、振り向いて子どもたちにこう言っていました。「なぁ、ごめん。先生、絵、下手やねんけど、描くわ」と。そう呟いている自分の言葉に、自分で驚きます。子どもたちは「本人思うてるほど、下手ちゃうで」と言ってくれていましたが（笑）。これは、先生の言葉を50年にもわたって心の中にもち続けて大人になり、そんな自分に気づかされたという一つの事例です。

高山：そんなことがあったのですね。

木村：一方で、もし今、「あなたの特技は何ですか？」と聞かれたら、私は「背泳ぎです。全日本学生水泳選手権で6位入賞しました」と答えます。いや、答えたことないですよ、誰も聞かないから（笑）。でも、聞かれたらそう答える自分がいると思います。

でも、実は私は小学六年生の夏まで泳げなかったんです。水が嫌いで一年生から六年生まで、夏になると耳が痛いと母に訴えていました。病院に連れていかれて、お医者さんに「わからへんけど、中耳炎かもしれないな」と言われて耳に綿を詰められて、昔は黒いマスクみたいなのをかけてくれたんです。そうしたら、「水に入れない子ども」になれるんです。毎年、夏の間中、中耳炎です。それで一度も水に入りませんでした。

そんな私に対して、先生が親を呼んで「洗面器に水を入れて、水に顔をつけていられるよう家庭教育をしてください」とおっしゃいました。でも私は洗面器に顔をつけられなかったんです。「そんなことをしたら死ぬ」って本気で思っていました。その学校の六年生の中で水に入れないのは、私一人だったんです。水が怖くて、怖くて。

おそらく私がいた小学校は、体育の研究をしていた学校で、「六年生全員25mを泳げるようにして卒業させる」といった目標でもあったのでしょう。私一人が泳げないという事実は、「学校の沽券」に関わる話だったんですね。

卒業までラスト1年の六年生の夏、私はプールに無理やり連れていかれて、三人の男先生に囲まれました。そして、その中の一人の先生が私をバーンとプールの中に放り込んだんです。「他の運動は何でもできる、水泳ができないわけがない」と。放り込まれた途端、私はプールの縁まで慌てて何とかたどり着いて、水から上がり、そのまま裸足で家まで逃げて帰ったんです。

小学六年生の女の子が水着のまま裸足で家に逃げて帰るなんて、尋常じゃないですよね？　普通は、そんな勇気ありません。でも、本当に恐怖を感じると、これぐらいのことするんです。だから私は、「学校に行けない子」はみんな、この時の私と一緒だなと、今でも思っています。逃げ帰った私を、母はもう一度学校に連れていきました。

三人の先生方のうち二人はすでに帰られた後で、中西先生という方が一人だけ残っていらっしゃいました。中西先生は、一対一で私に、「何が、怖い？」と聞いてくれました。

私は、「顔を水につけたら、息ができなくなるから死ぬ」と答えました。そうしたら中西先生は「約束する。顔は絶対水につけない。首から上は絶対水につけへんって約束するから、自分からプールに入れ」とおっしゃったんです。そう約束をしてくれるのならと思って水に入りました。先生と私、二人きりだから、飛沫も立ちません。「これならいける！」と思っていたら、「それだけ顔をつけることが怖いのなら、顔を上に上げた泳ぎを教えてやる」と中西先生は背泳ぎを教えてくれたんです。

今でも学習指導要領では、小学校の水泳は「クロールと平泳ぎの指導」としか書かれていません。それなのに50年前、その時代に私の首の後ろを持って、「俺を信用しろ、顔はつけない。足を動かしてみい、手を、ひゅん、ひゅん、ひゅんって、動かしてみい。これで25m泳げたら、明日からプールに入らなくてもいい」と、先生が言うんです。それで私は顔を上げたまま必死で25m泳ぎ、合格できたのです。

中学校になって、体育の授業でみんなはクロールや平泳ぎをやっていましたが、私は背泳ぎしか泳げないので背泳ぎをしていました。そうしたら水泳部の顧問の先生が、「素晴らしい子どもがいる。水泳部に入ってくれ」と、家まで毎日頼みにきたんです。断りきれなくて水泳部に入ったら、一年の夏に近畿大会に出場できました。それは、当時、背泳ぎを泳いでいる生徒が周りにいなかったということだけなんですが(笑)。

中西先生に教えていただいたのは、小学校の6年間でたった1回だけだったと思います。それだけしか出会ってないその一人の先生との出会いが、「特技は?」と聞かれたら「水泳」と答える私を育ててくれたのです。その先生に出会っていなかったら、今でも「水なんて、大嫌い!」と思っていたことでしょう。

高山:今のお話を聞いて、先生の「たった一回の教え」でも、その子の人生を変える影響力があるんだなと思いました。それはとても素敵なことですね。

今のお話を伺って、子どもだった木村先生に、中西先生が「何が、怖い?」と聞いてくださったということが、すごく大きいのかなと思いました。木村先生は、学校という場で、それをみんなにやっていたんです。「何が、嫌なの？」「どうしたら学校に来られるの？」と。それって、ご自分が中西先生に「何が、怖い？」と聞いてもらったということと同じですよね？　そこに木村先生の原点があるのではないかと思うのです。

私はいつも思うのですけど、「素敵な大人は、素敵な大人がつくる」んです。「あんなふうになりたい。なろう！」という方向性を指し示すという意味合いと、子どもの心はまっさらですから無意識に価値観や言葉が染みつくという、2通りがあるのではないかと思っています。だから、憧れる人というか、「こういう人と出会えてよかったな」という人に出会えると、人は変われるというか、変わっていくのでしょう。

木村：本当にそうですね。ところで、高山先生はどんなお子さんだったのですか？

高山：私はADHDとLD（学習障害）をもっているので、「普通の子ができること」が、たくさんできない子どもでした。「なんで他の子ができるのに、君はできないのか」と言われるのが、すごくつらかったです。小学一、二年生の担任の先生は、漢字の「とめ」「はね」にすごく厳しい方で、正しく書いたと思った漢字も「右側がはねてないから」などとバツをつけられ、いつも点数が悪かったんです。「こんなに一生懸命やっているのに、これしか点がとれないなら勉強なんかしたくない！」という気持ちになったこともあります。あとは、忘れ物したら、「気合が足らない」とおっしゃる先生もいらして。

木村：「気合が足らない」ですか（笑）。

高山：そう、私の子ども時代は、忘れ物というのは「気合」の問題だったんです（笑）。「気合が足らない」と言われて授業中にクラス全員の前で正座をさせられました。今は、そんなことをしたら「人権侵害だ」などと大問題になりますが、昔は普通にありました。

一方で、本当にいい先生方にも出会いました。忘れた教科書を貸してくれる先生もいましたね。まさに合理的配慮です。私は授業中、授業とは関係のないことをよくしゃべっていましたが、中学校の先生に、「君はよくしゃべるね。弁論大会に出てみたら？」とアドバイスをいただき、校内の弁論大会に出たら、2年連続で優勝したんです。その時に、人前で話すことの快感に目覚め、才能を引き出していただきました。ドーパミンが出るので、繰り返す！ 今、それを仕事にできていて、本当に幸せです。

木村：そんなことがあったんですね。

大人自身が幸せでなければ子どもの幸せは願えない

高山：大人の影響力って、やっぱり大きいですよね。でも、意外と当の大人は、言ったことを忘れていたりもします。褒めたことも、けなしたことも。「絵が下手なんだから、どれだけ時間をかけて描いても上手にならない。早くしなさい」なんて言葉、ちょっとイライラしている時、何気なく言ってしまいそうですよね。でも、子どもはずっと覚えています。けなす言葉は、無意識に言っていることが多いですよね。大人が、ちょっとそれを意識するだけでも違います。

木村：そうですね。それから先ほどお話しした、私に絵が下手だと言った先生は、私という一人の子どもの存在が気に入らなかったと思うのです。言ってみれば、私はその先生の正解にハマりにくい子だったんです。私自身、子ども心に、「あの先生って、やっぱり変」と、思っていましたから。その先生は子どもが喜んでる時に、「なんで一人だけ笑っとんの？笑てへん子おるやろ。笑いな（笑うな）」というようなタイプの方でした。私は、子どもの前にいる一人の大人が、これは教師でも親でも同じですが、その大人自身が幸せでなかったら、「子どもの幸せっていいよね」とは感じられないと思うのです。「じゃあ、幸せって何？」と考えた時に、「お金持ちになる」「評価されている」とか、人との比較で優位に立つことを求めていても、いつまで経っても幸せになれないと私は感じます。

例えば、私はこんな時に幸せです。今、目の前にいるこの子が安心して「俺、友達と喧嘩しちゃった」と私に言ってくれるような時、子どもに「じゃあ、どうやってやり直ししたらいいんかな？　どうするんや？」と言ったら、「それ、わからんから、先生に言うてんねんやん」と子どもに言われる。こういうやりとりをしている時に、「すごい幸せやな」と思います。意外と、大人は、一瞬一瞬、「今の自分の幸せ」に気がついていません。幸せは、取りに行くもんではないと思うんです。今も、こうやって高山先生と話をさせてもらって、「うわぁ、幸せ」と、私はいっぱい幸せを感じています。

高山：ありがとうございます。私もです！

木村：高山先生とお話をさせていただくことで、たくさんの気づきがありました。それって自分が「ちょっと変われたかも！」と思える瞬間です。これが、「学び」だと思うのです。そういうふうに、「学びって楽しい！」と、大人がちゃんと感じることができていたら、その大人を見た子どもは、「学びって、楽しいよな」と自然に思うようになります。まずは、大人が自分の幸せを感じること、味わうこと。それが、学びの場をつくる上での一番の土俵づくりだと思うのです。

高山：そうですね。まずは大人が学ぶ幸せを感じ、その姿を子どもに見せることですよね。私も木村先生とお話しさせていただいて、今とても幸せな気持ちです。本日は本当にありがとうございました。

木村：こちらこそありがとうございました。

おわりに

木村泰子

みなさん、読み終えていただいて、どんな感想をおもちでしょうか。

ここで一度、目の前にある学校や、過去のご自分が過ごされた学校をすべて断捨離していただいて、ゼロベースで、次の問いに対して、ご自分のお考えをおもちいただけますか。

「発達障害」と診断された子どもに、特別の教室で学ぶことをすすめる学校が多いようですが、このことについて自分の考えをもってください。

みんなと違う特別の教室で学ぶ目的は何でしょう？

「発達障害」と診断された子どもが、10年後の社会でよりよい社会をつくる一人の人としてどんな力を学校で獲得すればいいのでしょうか？　みんなと違う特別の教室で、その子のどんな力を誰がつけるのでしょう？　みんなといっしょの教室ではその学力は獲得できないのでしょうか？

「発達障害」と診断された友達が特別の教室で学んでいるという事実は、その子の周りの子どもたちにとってよいことなのでしょうか？

同じ地域に生きる同じ年代の友達が特別の教室で学んでいることを、周りの子どもはどんな思いで見ているのでしょう。「通級」や「交流」の制度で特別の教室にいる子どもがみんなの教室に来ると、周りの子どもはその子をどんな気持ちで迎えるのでしょうか？

実は、「みんなの学校」の職員室では、毎日毎日これらを問い続けていましたが、9年間、問いの答えを見つけることができませんでした。正解がないからです。「ダウン症の子」という言葉を世間では耳にしますが、「ダウン症の子」なんて世界中のどこにもいません。ダウン症という診断を受けている子どもはいますが、一人ひとりみんな違う自分をもっていました。「ダウン症の子」というくくりに子どもをはめ込んで、その子のその子らしさを見失っている自分たちに気づいたとき、職員室のみんなでやり直しました。

2019年3月24日に東京大学バリアフリー教育開発センターで、「インクルーシブ教育の新段階」を考えるシンポジウムがあり、その基調提案を「みんなの学校」の卒業生が行いました。「みんなの学校」の映画に登場するセイシロウです。彼は「発達障害」と診断され、一年生から三年生まで特別の教室で支援担当の先生が付き、熱心に指導をしてもらっていました。ところが、三年生になった頃には学校に行けなくなり、四年生になって「みんなの学校」に転校してきました。こんなセイシロウが、東大のシンポジウムで、文部科学省や大学の先生たちなど、全国から参加されている大勢の大人の前で堂々と自分の考えを自分の言葉で語ったのです。

前の学校に行けなくなった理由を、彼は「独房」だったからと言いました。独りぼっちの不穏な部屋だったとも言いました。「みんなの学校」に安心する居場所を見つけられたのは、「僕が僕のままでいいよという周りの友達が、僕を迎えてくれたから」と語りました。先生じゃないんですよね。子どもが子ども同士つながってさえいれば、すべての子どもの安心する居場所が学校にあるということを、彼は自らの体験からフロアのみなさんに伝えました。そして、前の学校のままの自分だったら、家から出ないで誰とも話をしない自分になっていたかもしれませんと語りました。「『障害』は病気ではなく僕の個性なのです。個性は誰もが尊重し合うものです。『障害』という言葉はいらないのですよ。みんなの個性が尊重されれば、誰もが生きやすい社会になるはずです」と語ったのです。「みんなの学校」では校長に「死ね〜」と言っていたセイシロウがです。

このシンポジウムの最後はセイシロウの次の言葉で締めくくられました。「三年生までの学校は悪い印象なのですが、その経験があったからとても大事なことを学べたと思います」。彼は誰のせいにもしていないのです。このシンポジウムでセイシロウが気づかせてくれたのは、すべての子どもが安心して学び合える地域の学校の改革が急務だということでした。

主語を子どもに変えると、これまで気づかなかったことがよく見えてきます。大人がよかれと思い一生懸命やっていることが、子どもを主語に変えると、案外子ども同士の分断につながっていることがあります。「みんなの学校」では悪戦苦闘の毎日でした。失敗を繰り返しながら、その都度子どもに教えられながら、みんなでやり直しをしてきました。

すべての子どもは未来の社会をつくる宝です。「迷惑な子」なんて一人もいません。困っているだけです。困っている子の周りの子が育てば困らなくなり、個性を存分に発揮します。気づくとすべての子どもが育っています。大人が変わりましょう。学びは楽しいですよ。

高山恵子先生に出会い、かけがえのない学びをいただきました。感謝します。

木村泰子［きむら・やすこ］

大阪市立大空小学校の初代校長。障害の有無にかかわらず、すべての子どもが互いに個性を生かしつつ同じ場で学び合える教育を具現化した。2015年、45年間の教員生活を終え、現在は講演活動で全国を飛び回る。著書に『「みんなの学校」が教えてくれたこと』『「みんなの学校」流・自ら学ぶ子の育て方』（ともに小学館）など。

高山恵子［たかやま・けいこ］

NPO法人えじそんくらぶ代表。臨床心理士。昭和大学薬学部卒業後、約10年間学習塾を経営。アメリカトリニティー大学大学院教育学修士課程修了、同大学院ガイダンスカウンセリング修士課程修了。ADHDなど高機能発達障害のある人のカウンセリングと教育を中心に、ストレスマネジメント講座などにも力を入れている。『特性とともに幸せに生きる』（岩崎学術出版社）など著書多数。

「みんなの学校」から社会を変える
～障害のある子を排除しない教育への道～

二〇一九年　八月六日　初版第一刷発行

著者　木村泰子　高山恵子
発行人　杉本　隆
発行所　株式会社小学館
〒一〇一－八〇〇一　東京都千代田区一ツ橋二ノ三ノ一
電話　編集：〇三－三二三〇－五五四九
販売：〇三－五二八一－三五五五

印刷・製本　中央精版印刷株式会社

Printed in Japan ISBN978-4-09-825352-4